성공적인 블로그 마케팅을 위한
1:1 컨설팅 제공

BLOG MARKETING

누구나 쉽게 따라하는

블로그 마케팅

블로그 최적화부터
상위노출까지
홍보의 달인되기!

KB134865

예문사

머리말

블로그, 페이스북, 카카오스토리 등 다양한 온라인 마케팅 수단 중 가장 추천하는 마케팅 도구는 바로 블로그입니다. 요즘은 블로그 마케팅을 하지 않으면 매출이 떨어진다고 할 정도로 선택 아닌 필수가 되었죠.

최근에는 기관이나 기업이 아닌 개인적으로 교육문의를 하는 분들이 많아졌는데요. 대부분은 블로그 마케팅의 중요성을 알기 때문에 업체를 통해 마케팅을 하고 있지만, 비용을 들이지 않고 본인이 직접 운영을 해 보고 싶어 문의를 하는 분들입니다. 어디서부터 어떻게 블로그를 시작하고, 글을 쓰고 이웃을 늘려야 할지 몰라, 안타까운 시간만 낭비하는 분들을 위해 블로그를 최적화하고 수익 창출로까지 이어질 수 있는 방법을 알려주고자 원고를 집필하기 시작하였습니다.

취미로 블로그를 하는 사람들도 많지만, 저는 매출 증대를 목표로 하는 사람들을 많이 봐서인지 온·오프라인 강의를 통해 쌓아 온 노하우들을 담아 블로그 마케팅을 하고자 하는 초보자들이 조금이라도 쉽게 운영할 수 있도록 지침서를 만들고 싶었습니다. 이 책이 처음 블로그를 접하는 사람부터 어느 정도 다룰 줄 아는 사람들까지 모두에게 도움이 될 수 있도록 책으로 표현할 수 없는 것들만 빼고 블로그 마케팅의 A부터 Z까지 모든 것을 알려주기 위해 노력했습니다.

또, 리브라로직, 소나로직, C-랭크로직까지 로직이 바뀔 때마다 블로그가 흔들리는 편법 노출이 아닌, 사람들이 찾아오는 콘텐츠와 구매전환율을 높일 수 있는 콘텐츠를 만드는 방법을 소개하였습니다. 꼭 1페이지에 있지 않더라도, 1페이지에 있는 글보다 보는 사람은 적어도 콘텐츠 소비를 통한 매출 증대로 이어질 수 있는 방법도 함께 소개하였습니다.

이 책에서 제시하는 대로 8주 동안 블로그를 운영하다 보면 마케팅이 가능하고, 수익 창출이 가능한 블로그로 재탄생할 수 있을 것입니다. 이 책을 구입한 모든 독자들이 블로그 마케팅의 고수가 되어 기대 이상의 수익을 얻을 수 있기를 바랍니다.

2019년 3월, 저자 이기용

성공적인 블로그&포스트
마케팅을 위한 1:1 컨설팅

지금 내 블로그가 잘 운영되고 있는지, 내가 쓴 포스트에 문제는 없는지 궁금하다면 이기용 저자의 도움을 받아보자. 저자가 운영하는 카페에서 책 구입 인증만 하면 블로그&포스트 마케팅을 위한 꼼꼼하고 체계적인 1:1 컨설팅을 받아볼 수 있다.

◎ 도서 구입 인증 방법

❶ 요깃지(http://cafe.naver.com/yogim) 카페에 가입한다.

❷ [파워블로그될수있지YO] 카테고리의 [도서인증해YO!]에 구입한 도서 사진과 인증번호를 함께 입력하면 확인 과정 후 '도서리뷰어' 등급이 된다.(인증번호는 책 표지 뒷면 날개 하단의 스크래치를 긁으면 확인할 수 있다.)

파워블로그될수있지YO..
└ 📄 도서인증해 YO!
└ 📄 블로그TIP여기YO!
└ 📄 블로그진단좀YO!
└ 📄 블로그질문해YO!

❸ '도서리뷰어' 등급이 되면 질문과 진단을 통해 블로그 콘셉트 잡기부터 실전 마케팅까지 궁금한 부분들을 해결할 수 있다. 또한 블로그와 포스트 운영 중에 궁금한 점이 있거나 잘 되지 않는 부분이 있다면 언제든 도움을 받아볼 수 있다.

블로그 마케팅 전문가

이기용 저자와의 1:1 컨설팅을 통해
내 블로그와 포스트를 체계적으로
점검받아 볼 수 있는 기회를 놓치지 마세요.
★ 카페 : http://cafe.naver.com/yogim
★ 블로그 : http://blog.naver.com/vsm1028

CONTENTS

PART
02

블로그로
수익 창출하기

APPENDIX
+A

또 하나의 마케팅 수단,
포스트 활용하기

01

8주 만에 **최적화** 블로그 만들기

최근 반복되는 단속으로 PC 및 모바일 상위 노출 업체들이 문을 닫는 일이 많아졌다. 그동안 아무런 대책 없이 난립하던 상위 노출 업체들이 더 이상 인위적으로 블로그 글을 상위에 노출시킬 수 없도록 조치를 취한 것이다. 혹자는 이제 블로그 마케팅은 끝났다라고 하지만 필자는 이제 제대로 된 블로그 마케팅을 시작할 수 있는 적기라고 생각한다. 그동안 업체를 통해 단순 상위 노출에만 의지하여 효과를 본 업체나 상점들은 힘들 수 있겠지만 꾸준히 양질의 콘텐츠를 만들고, 지속적으로 이웃들과 커뮤니케이션해 온 블로그라면 오히려 더 큰 효과를 얻을 수 있기 때문이다. 지금부터 상위 노출 업체의 도움 없이 블로그를 활용한 효과적인 마케팅 방법을 알아보고자 한다. 블로그 개설부터 최적화까지 8주 동안 책에서 이야기하는 대로 따라해 보면 어렵지 않게 블로그 마케팅을 시작할 수 있을 것이다.

01 / WEEK

8주 만에 블로그 마케팅, 가능할까?

적은 비용을 들여 자신의 제품을 홍보하기에는 블로그 마케팅만큼 좋은 수단은 없다. 자본이 풍부하다면 돈 걱정 없이 다양한 방법으로 마케팅이 가능하겠지만 그렇지 않은 상황이라면 블로그가 가장 좋은 마케팅 방법이다. 1주 차에서는 블로그 마케팅의 필요성과 마케팅을 시작할 수 있는 기본 요건을 갖추기 위해 필요한 것들을 알아보도록 하자.

: 왜 블로그 마케팅인가? :

오프라인에서 가게를 운영하든지, 온라인에서 상품을 판매하든지 온라인 홍보는 선택이 아닌 필수인 시대가 되었다. 대부분의 사람들이 PC나 스마트폰을 활용하여 상품을 검색하고 구입하기 때문에 이들이 없는 생활은 꿈도 꾸지 못하게 되었다. 예전에는 엄마들이나 친구들 사이에서 알음알음 입소문을 통해 상품을 구입하거나 식당을 방문했다면 이제는 온라인으로 그 영향력이 옮겨 간 것이다. 물론 지금도 입소문이 중요한 마케팅 수단이기는 하지만 가장 처음 입소문을 낸 사람들 또한 인터넷을 통해 접하는 경우가 많으므로 온라인 홍보는 반드시 해야 하는 시대가 된 것이다.

이렇게 시대가 변화해 인터넷과 스마트폰 등이 발달하면서 온라인 마케팅 채널(홍보 방법)도 다양화되었다. 어떤 사람은 카카오스토리나 페이스북으로 성공했다고 하고, 어떤 사람은 블로그 상위 노출로 성공했다고 한다. 필자는 이 많은 온라인 마케팅 채널 중 반드시 블로그를 선택해야 한다고 강조한다. 먼저 각 온라인 마케팅 채널별 특징을 살펴본 후에 왜 블로그를 이용한 마케팅을 추천하는지 이유를 이야기해 보려 한다.

홈페이지(Homepage)

- 홈페이지를 만드는 데 비용이 많이 든다.
- 만들기만 해서는 홍보가 되지 않으므로 노출을 위해 파워링크 등을 통한 광고비용이 추가적으로 든다.
- 파워링크 광고 시 부정클릭, 무효클릭 등이 있어 투자 대비 광고효과가 떨어진다.

페이스북(Facebook)

- 불특정 다수의 사람들에게 보여 줄 수 있다.
- '공유'나 '좋아요'와 같은 기능을 통한 확산 속도가 빠르다.
- 스폰서 광고를 사용하지 않으면 불특정 다수가 본다.
- 콘텐츠의 휘발성이 강하다.(한 번 본 글을 다시 보고 싶어 찾으려고 하면 찾기가 쉽지 않다.)

카카오스토리(Kakao Story)

- 카카오톡과 연계되어 접근성이 좋다.
- 모든 연령대가 사용 중이다.
- 특정 단어로 검색이 이루어지지 않기 때문에 콘텐츠의 휘발성이 강하다.
- 친구 기반으로 게시물을 볼 수 있고, 모르는 사람이 친구 신청을 하면 수락 여부를 선택할 수 있어 콘텐츠 확산율이 떨어질 수 있다.

블로그(Blog)

- 조작 방법이 간단해 남녀노소 누구나 쉽게 사용할 수 있다.
- 일방적인 정보 전달에 그치지 않고, 이웃과 소통을 통해 꾸준히 상호작용할 수 있다.
- 니즈가 발생한 사람들이 검색을 통해 콘텐츠를 볼 수 있다.
- 자신이 직접 블로그를 운영하는 경우 비용이 들지 않는다.

지금까지 마케팅에 가장 많이 활용되는 주요 채널의 특징을 알아봤다. 실제로 온·오프라인 상점에서는 개별적으로 홈페이지를 운영하기도 한다. 하지만 홈페이지는 유지비용이 만만치 않기 때문에 운영을 꺼리는 사람들도 많다. 홈페이지 외에 가장 많이 활용되는 세 가지 채널을 이용해 마케팅을 하고자 한다면 몇 가지 방법만 알면 누구나 쉽게 운영이 가능하고, 이웃과의 꾸준한 상호작용으로 잠재고객 확보에 용이한 블로그가 가장 적합하다. 블로그는 콘텐츠의 휘발성이 강한 카카오스토리나 페이스북과 달리 콘텐츠가 누적되기 때문에 니즈가 발생한 고객들의 욕구를 충족시킬 수 있어, 여러 마케팅 채널 중 가장 효과적인 수단이라고 할 수 있다.

실제 필자도 블로그 마케팅이 왜 필요한지 몸소 느꼈던 적이 있었다. 얼마 전 강남역 5번 출구 쪽에서 약속이 있어 네이버에서 '강남역 5번 출구 술집'을 검색한 적이 있다. 검색해 보니 관련된 문서량은 904건이고 그중 정확한 정보라고 보여주는 1페이지에는 2014년 글과 2015년 글이 보일 정도로 최신 콘텐츠들을 찾기 어려웠다.

다음 검색 결과처럼 '강남역 5번 출구 술집'을 검색했을 때 나오는 술집은 많지 않았고 어쩔 수 없이 이 중에 한 곳을 골라 가게 되었다.

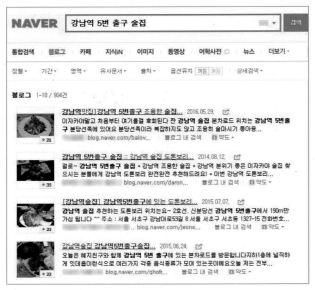

▲ '강남역 5번 출구 술집' 검색 결과

최근에는 블로그에 광고 글이 많아졌다고 생각하는 사람들도 많지만, 블로그 글을 광고로 인지하더라도 이 방법 외에 궁금증을 해소할 수 있는 곳이 없기 때문에 사람들은 블로그에 의존하게 된다. 이것이 블로그 마케팅을 해야 하는 이유다.

페이스북이나 카카오스토리 같은 SNS는 반응이 즉각적이고 확산 속도는 빠르지만 돌아오는 피드백이 적고 실제 필요할 때보다 입소문을 위한 채널에 가깝다고 할 수 있다. 예를 든 것처럼 우리가 필요할 때 또는 궁금할 때 가장 무엇을 먼저 하는지 생각해본다면 검색 사이트에서 검색했을 때의 노출을 위한 마케팅이 우선되어야 할 것이다.

최근에는 미디어 매체가 늘면서 포털뿐만 아니라 인스타그램이나 유튜브 등에서도 검색을 많이 한다. 하지만 검색 내용에 대해 좀 더 자세한 정보를 얻기 위해서는 검색 사이트에서 재검색을 하는 것이 일반적이다. 20~30대가 주로 검색하는 인스타그램을 예로 들어보자. 인스타그램에서 '마케팅교육'을 검색했을 때 '이기용강사'를 접한다면 '이기용강사'에 대해 더 자세하게 알아보기 위해서 검색 사이트에 '이기용강사'를 입력해 블로그 글을 찾아보게 되는 것이다. 지금까지는 포털에서 검색해서 바로 블로그를 확인했다면, 이제는 그 앞에 인스타그램이라는 하나의 매개체가 더 생긴 것이다.

그럼 검색 사이트에서 검색 결과로 노출시키는 것을 왜 해야 할까? 바로, 원하는 주제로 방문자들을 유입시킬 수 있기 때문이다. 불특정 다수가 내 블로그에 들어오는 것이 아니라 원하는 주제에 맞는 키워드를 통해 내게 필요한 방문자들이 들어오기 때문에 구매전환율이 높다는 것이 블로그의 장점이다. 예로 피부 관련 사업을 진행한다고 가정한다면 반드시 '피부과' 또는 '마사지' 같은 직접적인 질문 외에도 '모공줄이는법'이라는 소주제의 키워드에 노출시켜 해당 정보 글을 읽도록 만들면서 간접적인 홍보를 통해 피드백을 받거나 타깃 고객을 확보할 수 있다.

▲ '모공줄이는법' 검색 결과

뿐만 아니라 블로그 마케팅은 제품이나 서비스 홍보를 편하게 제한 없이 할 수 있다. 블로그 글 하나하나를 모두 홍보로 활용할 수 있기 때문이다. 예를 들어, 마스크팩을 홍보한다면 '마스크팩 추천', '남자마스크팩', '마스크팩 가격' 등의 키워드로 블로그 글을 하나씩 작성할 때마다 내 제품의 타깃 방문자들이 들어오기 때문에 블로그 글이 모두 홍보 수단이 될 수 있는 것이다. 또, 관련된 콘텐츠들을 지속적으로 업데이트함으로써 신뢰감을 형성할 수 있다. 토익학원 광고지에 토익 점수가 200점이던 사람이 만점을 받았다는 내용을 접할 때가 있는데 이 광고가 쉽게 믿기지는 않는다. 하지만 블로그에 200점일 때 콘텐츠를 올리고, 그 후 언제, 어떻게 공부를 해 어느 정도 점수 변화가 있었는지 관련된 콘텐츠들을 계속 올린다면 사람들은 콘텐츠를 신뢰하게 되어 저절로 광고 효과가 생기게 된다.

▲ 지속적인 업데이트로 신뢰감 형성

이 외에도 블로그는 고객과의 꾸준한 소통을 통해 결정적인 구매동기부여가 가능하다. 콘텐츠를 접한 사람들이 진짜 이 제품이 좋은지 댓글로 질문하거나 가격 및 상담 문의 등을 했을 때 빠른 답변을 통해 구매동기부여가 이루어져 구매전환율을 높일 수 있다.

▲ 댓글을 통해 활발하게 이루어지는 블로그 상담

이처럼 검색 결과를 통해 노출하는 것이 마케팅의 기본이다. 아무리 좋은 콘텐츠를 만든다 하더라도 사람들이 접해야 효과가 있기 때문이다. 아무도 보지 않는다면 일기장에 글을 쓴 것과 별반 다를 것이 없다. 구매전환 여부는 추후에 판단하더라도 사람들이 우선 양질의 콘텐츠를 접할 수 있는 상황을 만들어주어야 하는 것이다. 블로그는 이런 검색 노출에 가장 큰 역할을 하는 매체라고 할 수 있다.

⁚ 블로그 마케팅 이렇게 하자! ⁚

사람들이 블로그 마케팅을 실패하는 이유 중 하나는 처음부터 너무 큰 욕심을 부리기 때문이다. 글을 올리자마자 방문자 수가 수천 명이고, 댓글이 많이 달리면 자연스럽게 구매로 이어질 거라 생각하지만, 블로그 마케팅은 적은 비용이 드는 반면 단시간에 해결되지 않는다. 블로그 방문자 수와 댓글 수를 늘리기 위해서는 꾸준히 콘텐츠를 올려야 하고 충분히 소통하면서 어느 정도 시간이 지나야 한다. 번갯불에 콩 구워먹을 수는 없는 것 아니겠는가?

또 다른 이유는 막상 시작하려고 보니, 어디서부터 어떻게 시작을 해야 할지 모르기 때문이다. 그동안 양질의 콘텐츠들을 접하며 살아 왔기 때문에 '내가 그런 글을 어떻게 쓰지?'라고 생각하여 지레 겁을 먹게 된다. 또, 블로그 마케팅의 중요성을 인지하고 강의를 듣는데 하지 말라는 것들도 많고, 저품질이니 키워드니 어려운 말들만 늘어놓으니 '아....못하겠다'라는 생각이 절로 들어 포기하게 된다.

마케팅은 즐기는 마음으로 꾸준히 하면 어렵지 않다. 자신이 나아가야 할 방향을 체크해 콘셉트를 잡고, 블로그 글을 자유롭게 써 보면서 이웃들과 소통하는 과정을 통해 더 익숙해진다. 여기에 내가 생각하는 방향성에 맞게 블로그를 꾸며보고, 실제로 사람들이 많이 찾는 키워드에 대해 이해하고 이를 바탕으로 양질의 콘텐츠를 만들어 보는 과정까지 거치면 블로그 마케팅은 자연스럽게 이루어질 것이다.

이 책에서는 앞으로 8주 동안 마케팅이 가능한 블로그를 만들기 위해 다음의 과정을 거치게 된다.

❶ 내 블로그 콘셉트 잡기(방향성 잡기)

어떤 블로그를 운영할지 방향성을 먼저 잡아야 한다. 다른 블로그들을 많이 보면서 벤치마킹을 통해 내 블로그 주제에 맞는 콘셉트를 잡는다.

❷ 블로그와 친해지기(최적화 시작하기)

블로그가 노출되기 위해서는 최적화가 되어야 하는데 이 기간 동안 양질의 콘텐츠를 만들기보다는 다양한 콘텐츠들을 꾸준히 올리면서 친해지는 과정이 필요하다.

❸ 블로그 최적화(노출 가능한 블로그 완성)하기

❹ 양질의 콘텐츠 만들기(소비자가 보고 싶은 콘텐츠 만들기)

요즘은 노출이 된다고 해서 무조건 구매로 이어지지 않으므로 사람들이 읽고 싶은 콘텐츠, 사고 싶은 콘텐츠를 만들어야 한다.

❺ 블로그 상위 노출하기(소비자들이 찾는 키워드 활용하기)

❻ 소비자들이 내 콘텐츠를 보고 구매

네이버나 다음 모두 한 분야에서 전문성 있는 콘텐츠를 다루는 블로그를 선호하기 때문에 어떤 블로그를 운영할 것인지 콘셉트를 잡는 과정이 그 어떤 과정보다 중요하다. 또한 사람들이 보고 싶은 콘텐츠, 구매전환율이 높은 콘텐츠를 만들기 위해서는 블로그 포스팅 글쓰기에도 신경을 써야 한다.

이 책에서는 앞으로 8주 동안 각 주차별로 과제가 주어진다. 앞서 설명한 것처럼 글을 쓰기만 하면 될 것이라는 생각은 버리고, 주차별로 주어지는 과제를 빠짐없이 완수하다 보면 마케팅이 가능한 블로그로 완성되어 있을 것이다.

이기용의 × 한 마디!

왜 네이버 블로그를 해야 하는가?

블로그에는 '네이버 블로그', '티스토리 블로그', '다음 블로그' 등 여러 블로그가 존재한다. 이 중 마케팅을 위해 운영하는 블로그라면 사람들의 검색 비중이 가장 높은 네이버를 이용하는 것이 좋다. 네이버는 국내 검색 점유율의 87.2%를 차지하고 다음 15%, 네이트 0.0005%순이다. 네이버의 검색 점유율이 압도적임을 알 수 있다. 또, 네이버에서 특정 키워드를 활용하여 검색을 하면 네이버 블로그의 글이 우선 노출된다. 네이버를 제외한 다른 포털 사이트의 블로그 글도 함께 검색이 되긴 하지만 그 비중은 높지 않다. 네이버에서 운영하는 블로그이다보니 당연히 네이버 블로그 글을 노출의 우선순위로 지정하는 것이다.

: 블로그 마케팅, 최적화 바로 알기 :

블로그를 운영해봤던 독자라면 '블로그 최적화'라는 말을 한 번쯤은 들어봤을 것이다. '블로그 최적화'란 블로그가 상위에 노출될 수 있는 최적의 상태를 말한다. 블로그 마케팅을 시작하기 위해서는 가장 먼저 자신의 블로그가 최적화되어 있어야 한다.

블로그 최적화는 왜 필요할까?

블로그 마케팅을 하는 목적이 무엇인가 먼저 생각해보자. 서두에서 이야기한 것처럼 검색 결과에 노출되기 위해서이다. 노출이 되어야 자신의 글을 읽고 전화를 하거나 구매를 하거나 찾아올 것이 아닌가. 내가 만든 콘텐츠가 아무리 유용한 콘텐츠라 하더라도 사람들에게 노출이 되지 않는다면 일기장에 일기를 쓰고, 메모장에 메모를 하는 것과 다를 것이 없다. 다음은 '강남맛집'으로 검색한 결과 1페이지와 20페이지에 노출된 블로그 글들이다. 어느 페이지의 어떤 글을 보고 구매로 연결될까 고민해본다면 왜 최적화가 되어야 하는지 이해가 될 것이다.

▲ '강남맛집'으로 검색한 결과 1페이지(좌)와 20페이지(우)의 블로그 글

'최적화 블로그 사라지지 않았나?', '요즘은 C-랭크나 다이아 로직이 사용되지 않나?'라고 생각하는 사람들도 있을 것이다. 우선 이전의 '하루에 글을 1개에서 3개씩 올리면 45일~60일 이후에 최적화 블로그가 만들어진다.'라는 공식은 2015년 10월부터 적용되지 않고 있다. 그러면서 최적화 블로그보다는 조금 노출이 덜 되는 준최적화 블로그라는 말이 나오기도 했다. 하지만 공식만 사라졌을 뿐 블로그를 노출시키는 데 최적의 조건을 만들어야 하는 것은 동일하다.

최근 네이버의 로직으로 사용되는 'C-랭크'와 '다이아'에 대해 간단히 살펴보자. 'C-랭크(C-RANK)'를 한마디로 정의한다면 한 가지 전문적인 주제를 다루는 블로그를 더 전문성이 있는 글로 인식하고 노출시켜주겠다는 것이다. 또, '다이아(D.I.A)' 로직은 사용자가 선호하는 문서를 만드는 블로그를 점수가 부족해도 노출시켜주겠다는 것이다. 하지만 C-랭크와 다이아 로직 모두 기본적인 블로그 지수는 필수다. 좋은 콘텐츠란 좋은 글을 쓰는 저자로부터 나오고, 좋은 글을 쓰는 저자는 지속적으로 꾸준히 글을 쓰고 많은 사람들이 찾고 좋아하는 저자이기 때문이다.

블로그 최적화 지수들

- **포스트 주목도 지수** : 블로그에 속한 포스트 전반의 주목도 점수를 활용하여 지수를 계산하는 것으로 글 하나하나의 개별 주목도 지수로 판단하는 것이 아닌 전체적인 흐름을 본다. 포스트의 내용이 알차고, 많은 방문자들이 읽고 덧글과 공감을 남길수록 주목도 지수가 올라가게 된다.
- **포스트 인기도 지수** : 덧글, 공감, 조회, 스크랩 등 포스트 단위의 반응지표를 활용하여 평가하는 것으로 각각의 반응이 내가 남긴 것인지, 이웃이 남긴 것이지, 타인이 남긴 것인지에 따라 다르게 반영된다. 따라서 똑같은 이웃과 똑같은 방식으로 블로그를 방문하는 것보다는 다양한 방법을 거쳐야 한다.

블로그 최적화를 위해 반드시 해야 할 3가지

블로그에는 블로그 점수가 존재하며, 보통 이것을 '블로그 지수'라 표현한다. 블로그 지수가 10점인 블로그보다는 100점인 블로그의 노출률이 더 높은 것은 당연하다. 블로그 지수에는 '블로그 활동성 지수', '블로그 인기도 지수', '포스트 주목도 지수', '포스트 인기도 지수'가 있다. 초기엔 '블로그 활동성 지수'와 '블로그 인기도 지수'를 많이 올려야 최적화의 기본 베이스를 만들 수 있다. '블로그 활동성 지수'는 운영기간, 포스트수 등이 해당되고 '블로그 인기도 지수'는 방문자 수, 방문횟수, 페이지뷰, 이웃 수 등이 해당된다. 따라서 꾸준히 1일 1포스팅을 하면 블로그 활동성 지수를 올릴 수 있고, 블로그 이웃 신청을 통해 이웃을 많이 늘리고 소통하면 블로그 인기도 지수를 올릴 수 있다.

그렇다면 블로그를 최적화할 수 있는 방법은 어떤 것이 있을까? 아무런 계획 없이 무작정 글을 쓴다고 해서 바로 블로그 최적화가 되는 것은 아니다. 지금부터 빠른 시일 내에 블로그를 최적화하는 비법을 공유하고자 한다.

❶ 포스팅은 일상 글 위주로 쓴다

'C-랭크' 로직에서는 한 가지 주제만 집중적으로 다루는 것이 좋은데 왜 일상 글을 위주로 먼저 써야 하는지 의문이 드는 독자도 있을 것이다. 그 이유는 블로그를 어렵게 생각하지 않도록 하기 위함이다. 중간에 블로그를 포기하는 사람들의 대부분은 블로그에 글을 쓰는 것을 막막하고 어려워한다. 일상 글을 써 보면서 블로그에 적응하는 시간을 갖는 것이 필요하다. 내 일상의 이야기를 쓰는 것은 어려운 콘텐츠를 만들어내지 않아도 되고, 일기장에 일기를 쓰듯 편하게 접근할 수 있기 때문에 블로그와 충분히 친해진 후 생각해 둔 주제의 콘텐츠를 다뤄도 늦지 않다.

일상 글을 쓰는 시간을 아까워할 필요는 없다. '시작이 반'이라는 말이 있듯이 우선 시작을 해야 하는데 시작도 못하고 포기하는 것 보다는 낫지 않은가? 이렇게 운영하는 기간과 콘텐츠 숫자들은 내 기본적인 점수가 되어줄 것이다.

이기용의 × 한 마디!	일상 글은 먹거리가 Good!

일상 글을 쓸 때 초기에 다루면 좋은 주제는 먹거리이다. 블로그 운영 초기에는 블로그 지수를 올리기 위해 이웃 블로그에 방문해서 댓글을 쓰거나 공감을 누르는 경우가 많다. 이웃이 내 콘텐츠에 댓글이나 공감을 달 수 있도록 하려면 내용 파악이 쉬워야 하는데, 쉽게 이해하기 어려운 콘텐츠라면 그냥 지나치는 경우가 많아 댓글이나 공감을 받기 어려울 수 있다. 따라서 초기에는 이웃들이 댓글을 달기 쉽고 소통하기 쉽도록 먹는 것 위주로 콘텐츠를 작성하는 것이 좋다. 그럼 이웃들은 '맛있겠네요', '먹고 싶어요' 등 쉽게 댓글을 달아줄 수 있다. 블로그 운영 초기에는 블로그에 익숙하지 않아 사진 찍기도 어렵고, 매일 글을 올릴 수 있는 마땅한 주제를 찾기 어렵다. 하지만 음식 관련 콘텐츠는 대부분의 사람들이 하루에 세 끼를 먹고, 다이어트를 하더라도 하루에 한 끼는 먹기 때문에 매일 만들어 올리는 데 적합하다.

❷ 이웃과 꾸준히 소통한다

블로그 지수를 올리기 위한 방법 중 하나는 이웃을 활용하는 것이다. 이웃의 블로그에 방문하여 댓글, 공감이나 안부글 등을 남기면서 활발하게 교류하자. 블로그 지수를 올리기 위해서 시작한 이웃과의 소통이 나중에는 내 편이 되고, 제2의 고객이 될 것이다. 이웃과의 소통 방법은 4주 차를 참고한다.

: 블로그 콘셉트 잡기 :

블로그 최적화를 위한 첫 번째 단계는 '내 블로그 콘셉트잡기'이다. 바로 어떤 블로그로 만들지 계획하는 것이다. 현재 활성화되어 있는 블로그는 약 1,000만 개 이상이고 하루에도 수많은 블로그가 새로 생기고 있다. 그래서 뚜렷한 목적이나 차별화 없이 블로그를 운영한다면 기억해서 다시 찾아오는 블로그가 아닌 스쳐 지나가는 블로그가 될 수밖에 없다. 하지만 특정 정보를 검색하다 들른 블로그에서 유용한 정보를 많이 얻었다면 '이 블로그는 어떤 블로그구나!'라고 기억하게 되고, 나중에 관련 정보를 얻고 싶을 때 블로그를 기억해서 다시 찾아오게 된다.

어떤 블로그로 만들 것인가?

네이버는 검색 포털 사이트이기 때문에 사용자들에게 최대한 유용한 정보를 제공하는 것을 목표로 한다. 따라서 다양한 콘텐츠를 올리는 블로그보다 하나의 주제로 전문적인 내용을 다루는 콘텐츠를 노출하려고 노력하고 있다. 예를 들어 '홍대사무실'을 검색하면 다음과 같은 결괏값이 나오는데, 1위부터 10위 사이에 부동산 관련 블로그가 아닌 글은 8위 1개밖에 없다. 일반적으로 상업적으로 운영하는 블로그는 제재를 받고 일상 블로그가 더 잘 노출된다고 알려져 있지만, 각 주제별로 들어가면 한 가지 주제를 다루는 블로그를 해당 주제 검색 시 더 많이 노출시켜주고 있는 것이다. 따라서 내가 어떤 주제를 다룰 것인지, 어떤 콘셉트로 방향성을 잡을지 등을 잘 선택하여 운영해야 한다.

▲ '홍대사무실' 검색 화면

▲ '홍대사무실' 검색 시 상위 노출된 상업적 블로그

그렇다면 블로그 콘셉트는 어떻게 잡아야 할까? 블로그의 콘셉트는 '이 블로그는 ○○ 블로그이다.'라고 한마디로 표현만 할 수 있으면 된다. 이용자들이 직접 검색하여 정보를 찾을 수도 있지만, 원하는 정보를 콘텐츠로 한 전문 블로그가 있다면 해당 블로그를 찾아가서 니즈를 충족하게 된다. 따라서 굳이 1페이지에 노출되지 않더라도 콘텐츠만 제공한다면 블로그는 브랜딩되어 활성화시킬 수 있다.

- 내 블로그는 뷰티 전문 블로그다 : 뷰티에 관련된 정보 위주로 콘텐츠를 쌓는다.
- 내 블로그는 취업 이력서다 : 나중에 회사에 제출할 포트폴리오를 모은다는 생각으로 대외활동이나 수상 등의 콘텐츠를 쌓는다.
- 내 블로그는 지역행사 정보 블로그다 : 지역별 행사 정보 위주의 콘텐츠를 쌓는다.
- 내 블로그는 명언 블로그다 : 명언 관련 위주로 콘텐츠를 쌓는다.

그럼 실제로 잘 운영되고 있는 블로그들을 살펴보자. '뷰티블로거 다미'의 경우 뷰티 관련 콘텐츠 위주로 올리면서 유용한 정보를 제공하고 있다.

▲ '뷰티블로거 다미' 블로그

이 블로그는 니즈가 발생한 고객들이 원하는 정보들을 검색해서 찾아오기도 하지만 다양한 정보들이 많이 올라오기 때문에 '뷰티블로거 다미'라고 직접 검색해서 블로그를 방문하는 사람들 또한 많다. 실제로 한 달에 약 400명이 '뷰티블로거 다미'를 검색해서 들어오고 있다. 이렇게 내 블로그가 어떤 한 주제를 가지고 좋은 콘텐츠를 꾸준히 제공한다면 관련 키워드가 아니더라도 '이 블로그에 들어가면 뷰티 관련 정보들을 볼 수 있지'라고 생각하고 이름을 기억하여 들어오게 되는 것이다.

연관키워드 ⑦	월간검색수 ⑦	
	PC	모바일
뷰티블로거다미	170	210

▲ '뷰티블로거다미' 키워드 월간 검색 수

또 다른 예를 보자. '아웅이의 대박정보방' 블로그는 블로그 이름처럼 다양한 대박 정보 콘텐츠들을 포스팅하여 검색자들에게 유용한 정보를 제공하고 있다. 이 블로그 또한 니즈가 발생한 고객들이 원하는 정보들을 검색해서 찾아오기도 하지만 다양한 정보들이 많이 올라오기 때문에 '아웅이'라고 직접 입력하여 블로그를 방문하는 사람들이 많다.

▲ '아웅이의 대박정보방' 블로그

이처럼 콘셉트가 확실한 블로그를 운영하게 되면 블로그 자체가 브랜딩되어 특정 키워드가 아닌 블로그 주소를 직접 입력하거나 검색해서 들어오게 된다.

▲ '아웅이' 검색 결과

이 블로그의 검색 유입 현황을 보자. 2014년 4월 1일부터 2014년 4월 30일까지 블로그에 검색어로 들어온 유입 순위 중 4위가 블로거 이름인 '아웅이'이다. 한 달간 블로그 방문자 수 중 10.6%가 블로거의 이름을 기억하고 검색해서 들어온 것이다.

▲ '아웅이의 대박정보방' 블로그 유입 통계

: 확실한 블로그 콘셉트 벤치마킹 비법 :

벤치마킹의 중요성은 중국의 전자기업 '샤오미'의 성공에서 쉽게 알 수 있다. 샤오미는 '짝퉁 애플'이라는 수식어를 가지고 있을 정도로 애플을 철저하게 벤치마킹하여 창립 5년 만에 중국 스마트폰 시장 1위, 세계 스마트폰 시장 5위에 오르는 성공을 이루었다. 그만큼 벤치마킹은 중요하다.

이처럼 블로그도 다른 사람의 블로그를 벤치마킹하면 자신이 운영하는 블로그의 방향성을 잡는 데 큰 도움을 얻을 수 있다. 하루에 10만 명 이상 방문하는 블로그의 블로거가 글을 쓰는 방식이나 운영하는 방식을 검토하여 그대로 따라해 보거나 해당 블로그에서 사람들이 많이 보는 글의 키워드를 확인하여 따라 써 보는 것도 좋은 벤치마킹이 될 수 있다. 꾸준히 벤치마킹을 하다보면 어느 순간 자신의 블로그가 상위 노출이 되고, 방문자 수가 늘어나게 될 것이다.

어떤 블로그를 벤치마킹할 것인가?

블로그 마케팅을 통해 늘어난 방문자 수가 바로 매출로 연결되는 것은 아니다. 요즘 소비자들은 블로그 글이 상위 노출되어 있다고 해서 그 글을 보고 바로 구매하는 것이 아니라 원하는 정보만 얻고 비교분석하기 때문에 양질의 콘텐츠가 아니면 구매전환율이 낮을 수밖에 없다. 하루 방문자 수가 10만 명이라 하더라도 구매전환율이 전혀 없는 블로그가 있는가 하면, 하루 방문자 수가 300명이더라도 구매전환율이 30% 이상인 경우도 있다. 따라서 방문자 수도 많고, 구매전환율도 높은 블로그를 벤치마킹하는 것이 좋다. 그렇다면 어떤 블로그를 벤치마킹 대상으로 하면 좋을지 살펴보도록 하자.

○ 이달의 블로그

네이버에서는 2008년 11월부터 매년 유익한 정보를 제공하거나 이웃과 꾸준히 소통하는 블로그를 분야별로 선정하여 '파워블로그'라는 이름으로 소개해 왔다. 하지만 자신이 파워블로거임을 앞세워 업체로부터 협찬이나 광고를 강요하는 일들이 발생하면서 사회적인 문제로까지 부상하자 2014년 파워블로거를 마지막으로 파워블로그 제도를 폐지하였다.

파워블로그를 선정하지 않는 대신 31개의 기본 주제에 따라 활발히 활동하고 있는 블로그를 매월 선정하여 소개하고 있다. 블로그의 규모나 역사와는 상관없이 이용자들이 가장 관심이 많은 주제별로 좋은 콘텐츠를 확보한 블로그를 노출하고 있기 때문에 벤치마킹하기에 더 적합한 대상이라고 할 수 있다.

▲ 이달의 블로그 목록

○ 기업이나 공공기관 블로그

기업이나 공공기관이 운영하는 블로그도 벤치마킹하기 좋은 대상이다. 기업이나 공공기관은 해당 분야를 대표해서 운영하기 때문에 양질의 콘텐츠가 많이 올라간다. 모든 기업의 블로그를 살펴볼 필요는 없다. 자신의 블로그에서 다루고자 하는 콘텐츠와 연관 있는 주제를 다루는 기업이나 공공기관 블로그들을 벤치마킹하면 된다. 검색창에서 '경찰청 블로그', '코웨이 블로그'처럼 기업이나 공공기관의 이름으로 검색하면 쉽게 찾을 수 있다.

○ 같은 주제를 다루는 블로그

주제와 관련 있는 키워드를 검색하여 해당 브랜드에서 운영하는 블로그나 전문가가 운영하는 블로그를 벤치마킹하는 것이다. 자신이 정리 컨설턴트 블로그를 운영하고자 한다면 네이버에서 '정리 컨설턴트'로 검색한 후 노출되어 있는 블로그들을 확인하면 된다. 물론, 1페이지에 노출되고 있다고 해서 무조건 콘텐츠의 질이 좋은 것이 아니므로 1

페이지에 노출된 블로그라고 '아! 이렇게 운영하면 되겠구나!'라고 생각하는 것은 옳지 않다. '이런 방향성은 좋은 것 같아', '카테고리 구성은 이렇게 하는 것이 좋겠구나' 정도로 참고만 하고 최대한 많은 블로그들을 보면서 벤치마킹하는 것이 좋다.

▲ '정리컨설턴트' 검색 화면

사례로 확인하는 블로그 벤치마킹 방법

만약 내가 뷰티 블로그를 운영하려 한다고 가정해 보자. 그럼 어디서부터 어떻게 시작해야 할까? 가장 먼저 해야 할 일은 비슷한 콘텐츠를 다루고 있는 블로그를 확인하는 것이다. 비슷한 콘텐츠를 다루는 블로그를 단번에 찾기가 힘들다면 네이버 검색창에 '뷰티 블로그'를 검색해 보자. 검색 결과에는 가장 먼저 이달의 블로그가 표시된다. 앞에서 이야기한 것처럼 이달의 블로그는 네이버가 각 주제별로 좋은 콘텐츠를 다루고 있는 블로그들을 소개하기 때문에 벤치마킹으로 활용하기에 적합하다.

▲ '뷰티블로그' 검색 화면

이달의 블로그 중에서 '행복한 은진씨'의 블로그를 하나씩 살펴보자.

먼저, 블로그에서 어떤 콘텐츠들을 많이 다루는지 살펴보자. 프롤로그를 보면 3가지 주제 중 첫 번째에는 '뷰티News'를, 두 번째에는 '색조리뷰'를, 세 번째에는 '기초리뷰'를 다루고 있음을 알 수 있다. 카테고리를 통해서도 어떤 주제를 크게 나누어서 콘텐츠를 다루고 있는지 확인할 수 있다.

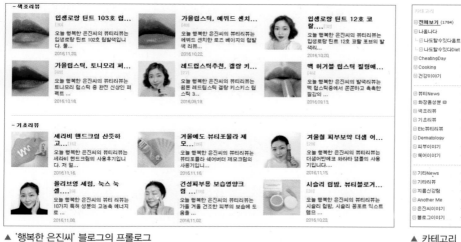

▲ '행복한 은진씨' 블로그의 프롤로그   ▲ 카테고리

카테고리에서 무엇보다 눈에 띄는 것은 '화장품성분'이라는 카테고리명이다. 이 블로거는 이 카테고리를 통해 각 화장품별 화장품 성분 분석을 해주고 있다. 다루고 있는 각 화장품들의 공식 홈페이지에서 성분을 가져와서 그 성분에 대한 설명 등을 같이 코멘트로 달아 놨다. 최근에는 화장품의 성분에 대해 관심이 많기 때문에 이 블로그에서 정보를 제공하여 이를 바탕으로 사람들이 화장품을 구매하는 데 도움을 주고 있는 것이다. 이처럼 소비자가 어떤 정보를 원하는지 파악하여 제공해준다면 블로그 마케팅의 효과는 배가 된다.

▲ '행복한 은진씨' 블로그 화장품 성분 분석 글

또, 블로그 섹션에서 '뷰티 블로그' 키워드를 활용해서 운영하는 사람들은 어떤 콘텐츠들을 다루고 있고, 카테고리는 어떻게 구성하고 있으며, 어떤 키워드들을 활용하고 있는지 등을 살펴보는 것도 좋은 벤치마킹의 방법이다.

▲ '뷰티블로그' 검색 시 블로그 섹션

마지막으로 내가 뷰티블로그를 운영하면서 나중에 활용할 것 같은 키워드들이나 뷰티블로그를 운영하는 사람들이 활용하는 키워드를 검색해보는 것이다. 해당 콘텐츠를 다루는 사람들은 대부분 비슷한 주제를 다루는 블로그들이기 때문에 참고할 만하다. 예를 들어, 뷰티블로거 '주서히' 님의 블로그를 보자. 블로그 하단에 표시되는 '이 블로그에서 많이 본 글'을 먼저 확인한다. 1~10위까지 중에 1위, 4위, 6위, 7위, 8위, 10위 글이 뷰티 관련 글인 것을 알 수 있다.

▲ 뷰티블로거 '주서히' 님 블로그

이 블로그에서 많이 본 글
· 왁슨스염색약 추천! 헤이 씨리얼 헤어컬러 반전매력 애쉬 레몬 셀프염색후.. (11)   2016.04.20
· 송파 롯데월드타워맛집 | 아그라에서 데이트한다~ (4)   2016.08.18.
· 한남동맛집 리스퀘어에서 스테이크와 파스타 먹방 데이트! (5)   2016.12.06.
· 아리따움 새틴펜슬 컬러커 01 다크살몬 & 03 코코아로즈 MLBB 발색 구매후.. (5)   2016.12.08.
· 신사 가로수길 도레도레 케이크종류 및 후기 (14)   2016.06.27

◀ 이전 | 다음 ▶

▲ 이 블로그에서 많이 본 글

1위 글부터 보자. 블로그 제목이 '왓슨스염색약 추천! 헤이 씨리얼 헤어컬러 반전매력 애쉬 레몬 셀프염색후기'이다. 제목에서 '왓슨스염색약, 헤이 씨리얼, 헤이 씨리얼 애쉬 레몬, 셀프염색후기' 등 4개의 키워드가 사용되었다. 각각의 키워드들을 네이버에 검색해 보면 다른 뷰티블로그들도 많이 사용하고 있다는 것을 알 수 있다. 이 키워드들을 활용하여 내 블로그에 포스팅하면 되는 것이다.

▲ '왓슨스염색약' 검색 시 블로그 섹션

이번엔 중고차 블로그를 운영한다고 가정해 보자. 먼저 검색창에 '중고차 블로그'를 입력해보면 뷰티블로그를 검색했을 때와는 다르게 이달의 블로그가 나타나지 않는다. 이때는 '연관검색어'를 눈여겨봐야 한다. 연관검색어는 '중고차 블로그'를 본 사람들이 '진성중고차'를 검색해 본 과정을 파악해 두 키워드가 연관 있다고 생각하여 만들어진 것이기 때문에 충분히 살펴볼 필요가 있다.

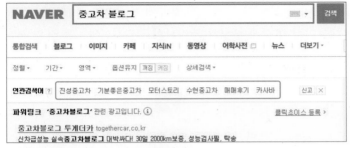

▲ '중고차 블로그' 검색 시 연관검색어

▲ '진성중고차' 블로그 검색 화면

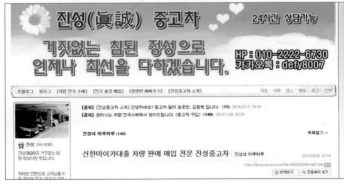

▲ '진성중고차' 블로그

다음 단계는 블로그 섹션에서 '중고차 블로그' 키워드를 활용해 운영하는 사람들이 어떤 콘텐츠들을 다루고 있고 카테고리는 어떻게 구성하고 있으며, 어떤 키워드들을 활용하고 있는지 등을 살펴보는 것이다.

▲ '중고차 블로그' 검색 화면

마지막으로 아무것도 모를 때는 내가 사용하려고 하는 키워드를 검색해보는 것이 좋다. '중고차'라고 검색하면 나오는 블로그들을 보면서 참고해보자.

▲ '중고차' 검색 화면

벤치마킹할 때 꼭 체크해야 할 7가지!

● 블로그 이름

블로그 이름은 키워드 검색 시 바로 확인할 수 있다. 블로그 이름은 해당 정보에 대한 전문가나 해당 분야의 전문 블로그임을 알려주기 때문에 사람들에게 전문성을 보여 줄 수 있어 방문율에 영향을 끼친다. 예를 들어 '블로그 마케팅강의' 키워드로 검색했을 때 나온 검색 결과에서 블로그 이름이 '이기용의 소소한 이야기'와 '마케팅전문가 이기용강사의 블로그강의 블로그교육'이 있다면 어떤 블로그를 방문할까? 당연히 '마케팅전문가 이기용강사의 블로그강의 블로그교육'이라는 명시적인 이름을 가진 블로그를 방문하게 될 것이다. 이처럼 블로그 이름은 블로그의 특징과 전문성을 보여줄 수 있기 때문에 충분히 검토 후 정하는 것이 좋다.

▲ 필자의 블로그 이름

특히, 요즘은 웹사이트 영역에도 다음과 같이 블로그 이름이 노출되기 때문에 이름에서 전문성을 보여주는 것이 좋다.

▲ 웹사이트에 노출되는 블로그 이름

● 블로그 닉네임과 프로필

블로그에 자신의 전문성을 노출할 수 있는 곳은 '프로필, 메인 상단 이미지, 카테고리'이다. 이 세 곳은 블로그에 방문하면 볼 수 있는 곳이기 때문이다. 블로그 닉네임은 사람들이 기억하기 쉽도록 어렵지 않고, 어떤 일을 하는지 쉽게 알 수 있는 것이 좋다. 또, 프로필은 블로그에서 어떤 글을 올리고 있고, 어떤 전문성을 가지고 있는지 한눈에 보여줄 수 있는 공간이다. 서술형으로 쓰기보다는 간결하게 소개글을 쓰고, 문의를 위해 이메일 주소나 카카오톡 아이디를 함께 표기하는 것이 좋다.

▲ 필자의 블로그 프로필

오른쪽 사진은 필자의 블로그 프로필 영역이다. 닉네임을 '이기용강사'를 사용하여 처음 블로그를 방문하는 사람에게 어떤 분야인지는 몰라도 최소한 강사라는 것을 인지할 수 있도록 하였다. 또한 프로필에는 어떤 강사인지 보여주고 강의 외에 어떤 일들을 하고 있는지 보여주어 신뢰감을 줄 수 있도록 하였다. 마지막에는 관심 있는 사람들이 연락할 수 있도록 이메일 주소와 카카오톡 아이디를 적어두었다. 핸드폰 번호를 알려주는 것도 좋지만 최근에는 스팸성 전화가 많아 공개하지 않고 있다. 대신 카카오톡 아이디와 이메일 주소를 공개해 실시간으로 상담이 가능하도록 하고 있다.

● 카테고리 구성

카테고리는 블로그 방문 시 무조건 보게 되는 부분이므로 카테고리 목록만 보고도 '이 블로그가 어떤 블로그다!'라는 것을 알 수 있도록 카테고리명을 구성해야 한다. 단, 벤치마킹한 블로그에 있는 카테고리를 그대로 가져와 구성한다면 전문성이 떨어져 보이므로 내 블로그의 콘셉트에 맞게 카테고리를 구성하는 것이 좋다.

다음 블로그의 카테고리를 살펴보자. 첫 카테고리의 이름을 '국제아나운서 정세미'라고 하면서 아나운서라는 것을 보여준다. 또 하위 카테고리를 통해 정세미 아나운서가 현재 책을 쓰고 강연도 하고 청춘 멘토도 하고 있다는 것을 알려주었다. 마지막으로 상위 카테고리에서 준 신뢰를 바탕으로 스피치 관련 강의를 하고 있다는 것을 알려주었다.

● 블로그 콘셉트와 타깃

벤치마킹할 블로그가 어떤 콘셉트를 잡고 있는지 확인한 후 정말 좋은 콘셉트라면 따라 해도 좋고, 참고만 하여 더 좋은 콘셉트들에 대한 아이디어를 얻어도 좋다. 먼저 어떤 콘셉트와 타깃을 잡고 있는지 확인하고, 어떤 콘텐츠들을 쌓아야 할지 고민해 본 후 전체적인 콘셉트나 방향을 잡으면 된다.

전체보기 (129)
국제아나운서 정세미를 만나요 (79)
ㄴ 글로벌 브로드캐스터
ㄴ 책 쓰고 방송하는 아나운서
ㄴ 꿈 열정 강연하는 아나운서
ㄴ 청춘 멘토 정세미 아나운서
ㄴ 소소한 일상

정세미가 진행하는 국제행사
ㄴ 포럼 및 컨퍼런스
ㄴ 만찬행사
ㄴ 기업행사
ㄴ 개/폐막식 행사
ㄴ 콘서트 행사 MC

국제행사정보

아리랑국제방송 아나운서 정세미
ㄴ Going Global MC
ㄴ 아리랑TV 방송
ㄴ 아리랑 라디오
ㄴ 경제전문방송 외 사내방송

국제아나운서에게 배우는 스피치
ㄴ 강연가양성과정
ㄴ 보이스트레이닝
ㄴ 아나운서 실기
ㄴ 아나운서협찬원피스
ㄴ 아나운서발음연습
ㄴ 뉴스,MC,DJ 대본
ㄴ 면접 스피치
ㄴ 특강/1:1컨설팅/후기

▲ 정세미 아나운서 블로그 카테고리

◉ 레이아웃 구성

블로그 레이아웃은 쉽게 음식점의 기본 인테리어라고 생각하면 된다. 고기를 파는지, 파스타를 파는지 어떤 메뉴를 파는지에 따라 기본 인테리어가 달라지는 것처럼 블로그도 분야에 따라 달라진다. 자신과 같은 분야의 블로그는 어떻게 레이아웃을 구성했는지 살펴보고 벤치마킹하면 좋다.

필자가 추천하는 레이아웃은 1단 레이아웃이다. 블로그의 정체성을 보여줄 타이틀이 상단에 표시되고 프로필이나 카테고리를 눈에 잘 띄는 왼쪽이나 오른쪽 상단에 배치하는 형태로, 사진을 주로 사용하는 블로그에 적합한 레이아웃이다.

▲ 블로그 레이아웃 설정

● 블로그 이웃 수

내가 추가한 이웃보다 나를 추가한 이웃이 많은지 확인해 본다. 내가 추가한 이웃보다 나를 추가한 이웃이 더 많다는 의미는 양질의 콘텐츠를 작성하고 있어서 이 블로그를 즐겨찾기 해놓은 사람이 많다는 뜻이기 때문이다.

▲ '모모의 메이크업' 블로그의 내가 추가한 이웃 수와 나를 추가한 이웃 수

'모모의 메이크업' 블로그는 내가 추가한 이웃이 187명이고 나를 추가한 이웃이 1,047명이다. 187명은 서로이웃이거나 내가 즐겨찾기 해 놓은 이웃들인데 모두 서로이웃이라고 하더라도 최소한 약 860명의 이웃은 나를 즐겨찾기 한 이웃인 것이다. 내 블로그를 즐겨찾기했다는 것은 콘텐츠가 좋기 때문이거나 유용한 정보들이 많다는 것을 의미하므로 벤치마킹하기에 적절한 블로그라 할 수 있다.

● 블로그에서 많이 본 글

다음 블로그를 보자. 이 블로그는 하루에 평균 5천 명 이상 방문하고 있다. 이 블로그에서 사람들이 가장 많이 본 글을 벤치마킹하는 것이다.

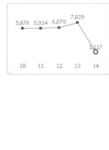

▲ '라온' 블로그 방문자 수

이 블로그에서 사람들이 가장 많이 읽은 글의 제목을 보면, '페이스북 방문자보는법 얼마 안걸려', '아이폰 벨소리 넣는법 최대한 쉽게 설명', '아이폰 노래 넣기 제일편한방법', '인스타그램 탈퇴방법 쉽게따라하기(사진첨부)', '아이폰 동영상 넣기 어렵지않다'의 순서로 사람들이 많이 보고 있다. 이 글들을 벤치마킹하여 비슷한 콘텐츠를 다루거나 이 콘텐츠에 따른 키워드를 활용해서 노출하면 방문자 수가 늘어나게 된다.

▲ '라온' 블로그에서 많이 본 글

이기용의 × 한 마 디!

이 블로그에서 많이 본 글은 어디에서 확인할 수 있을까?

'이 블로그에서 많이 본 글'은 블로그의 최하단에 표시된다. 만약 해당 블로그에 특정 검색어를 이용하여 방문한 것이 아니라 블로그 주소를 입력하여 들어간 경우라면 '이 블로그에서 많이 본 글'이 표시되지 않는다.

블로그 운영계획표 작성하기

블로그 목적	블로그를 운영하는 이유는? @ 일기장처럼 내 일상을 기록하고 싶어서 @ 내가 운영하는 서비스의 브랜드 가치를 올리고 싶어서 @ 블로그로 돈을 벌고 싶어서 @ 고객들과 소통하기 위해
블로그 목표	약 1년 후 블로그를 통해 얻고 싶은 목표는? @ 블로그를 통해서 나만의 일기장을 만들 것이다. @ 블로그에 콘텐츠를 쌓아서 책을 낼 것이다. @ 블로그로 한 달에 100만 원씩 벌 것이다. @ 블로그를 통해서 매출을 300% 올릴 것이다.
블로그 주제	메인 주제 및 콘텐츠는?
블로그 벤치마킹	① 동일한 주제를 다루는 블로그 찾아보기 ② 이달의 블로그 찾아보기
블로그 콘셉트	내 블로그는 ○○○ 블로그이다!
차별화 전략	내 블로그만의 차별화된 특징과 전략은?
블로그 이름	주제를 잘 표현할 수 있는 이름 정하기
운영자 이름	기억하기 쉽고, 정체성을 알릴 수 있는 이름 정하기
운영자 프로필	운영자에 대한 간단한 소개하기
블로그 운영정책	@ 정보수집 1시간, 포스팅 1시간, 댓글 작업 1시간 등

※ 블로그를 운영하기 전에 정확한 목적성을 갖고, 방향성을 잡은 후 운영계획표를 작성해보면 내가 운영하려고 하는 블로그의 콘셉트를 잡기 쉬워진다.

02 WEEKS

블로그 마케팅의 첫 항해!
블로그 글쓰기

++
BLOG
MARKETING

블로그 마케팅에서 가장 중요한 부분이면서 가장 힘든 것이 포스팅을 위해 주제를 선정하여 글을 쓰고 글에 맞는 이미지를 선택해 올리는 것이다. 블로그를 처음 운영하는 사람이라면 어디서부터 어떻게 시작해야 할지 막막하고 손에 익지 않아 시간이 오래 걸릴 것이다. 2주 차에는 처음 글을 쓰는 사람들을 위해 글쓰기 관련 기능들을 먼저 확인하고, 방문자들이 쉽게 볼 수 있도록 가독성 좋은 콘텐츠를 만드는 방법을 알아보도록 하자.

: 블로그 마케팅의 시작, 글쓰기 :

처음부터 체계적인 콘텐츠를 만들려고 하면 어려워서 선뜻 시작하기가 힘들다. 따라서 첫 포스팅은 가볍게 이제 블로그를 시작한다는 내용의 글을 쓰고, 초기에는 일상생활에서 주제를 찾아 올리는 것이 좋다. 그래야 쉽게 글을 쓸 수 있고 어렵지 않게 느껴 블로그에 흥미를 갖게 될 것이다.

첫 주는 글을 쓰는 연습을 하고, 사진 찍는 습관을 들이는 기간이라고 생각하고 먹거리나 일상생활 콘텐츠 위주로 올리면 된다. 앞서 말한 것처럼 블로그 지수를 올리기 위해 블로그를 시작한 것이므로 매일 꾸준하게 글을 올리는 것도 잊지 말아야 한다. 또, 하루에 7개를 쓰고 6일을 쉬는 것보다는 7일 동안 매일 한 개씩 글을 올리는 것이 블로그 지수에 도움이 된다는 것을 기억하자.

이기용의 ×한 마디!

나만의 콘텐츠로 작성하기
포털 사이트는 정확하고 유용한 정보를 제공하고자 항상 고민하기 때문에 이미 있는 정보를 조합해 올리는 것을 좋아하지 않는다. 유사문서 판독 시스템이 잘 갖추어져 있어 인터넷에 떠돌아다니는 사진을 사용하거나 다른 사람의 글을 복사하여 붙여넣기하는 경우에는 중복 문서로 인식되어 해당 포스팅은 걸러지게 된다. 따라서 블로그 지수를 높이기 위한 양질의 콘텐츠를 작성하기 위해서는 직접 찍은 사진을 사용하고, 직접 글 내용을 작성해야 한다.

블로그 아이디는 오래 묵을수록 좋다!
블로그 마케팅을 위해서는 아이디도 중요하다. 혹시 해킹을 당했거나 제재를 받은 아이디인 경우 블로그를 아무리 열심히 해도 전혀 노출이 되지 않는다. 쉽게 이 아이디가 해킹당했었는지 알 수 있는 방법은 내가 가입해 놓은 카페에서 아무것도 하지 않았는데 유해성 게시글들을 올렸다고 탈퇴된 경우이다. 해킹 당한 아이디는 새로 만드는 것이 좋다. 하지만 그런 경우가 아니라면 아이디는 오래된 것일수록 좋다. 오랫동안 알고 지낸 친구가 어떤 제품이 좋다고 하는 것과 어제 바로 알게 된 친구가 어떤 제품이 좋다고 하는 것 중에서 어떤 사람의 말이 신뢰가 갈까? 따라서 자신의 아이디가 제재를 받지 않았다면 오래전부터 사용하던 네이버 아이디를 사용하는 것이 상위 노출에 더 도움이 된다.

블로그 포스팅의 시작

블로그에서 글쓰기를 시작할 수 있는 방법은 다음과 같이 두 가지이다. 두 가지 방법 중 어떤 방법을 사용해도 관계없다.

① 네이버 로그인 → [블로그] 탭 → 글쓰기
② 네이버 로그인 → [블로그] 탭 → 내 블로그 → 프로필 영역에 '포스트쓰기'

포스트 쓰기를 클릭하면 다음과 같이 글을 쓸 수 있는 Editor 영역이 나타난다. Editor 영역에는 글쓰기에서 활용할 수 있는 다양한 메뉴와 블로그의 설정 정보들을 지정할 수 있는 항목이 표시된다.

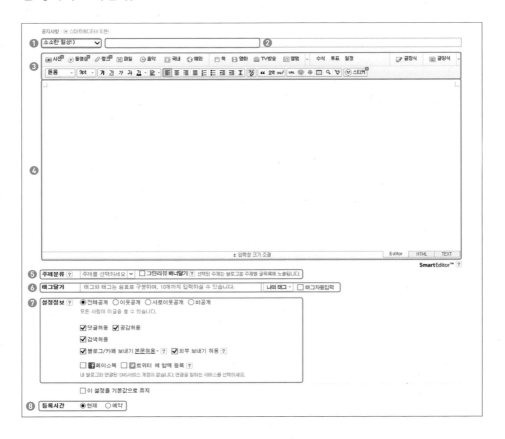

❶ **카테고리** : 어떤 종류의 글을 쓰는지에 따라 카테고리를 지정할 수 있다. 카테고리는 미리 만들어 두어야 하며 글 등록 후에도 카테고리 수정이 가능하다.

❷ **제목** : 글의 제목을 쓰는 영역이다. 보통 제목을 보고 더 보고 싶은 글을 클릭하기 때문에 제목 설정은 무엇보다 중요하다. 제목은 글 전체를 아우르는 핵심 내용을 담아 글 내용을 짐작할 수 있게 해야 하고, 독자의 흥미를 유발할 수 있어야 한다. 자세한 제목 작성 방법은 차후에 설명하도록 한다.

❸ **도구 상자** : 글에 사진, 동영상, 링크, 파일, 음악, 지도 등을 첨부하거나 글꼴, 글자 크기, 글자 스타일, 정렬 방식 등을 설정할 수 있다.

❹ **글쓰기 영역** : 실제 내용이 입력되는 영역이다. 글쓰기 형식은 'Editor', 'HTML', 'TEXT' 모드 중 하나를 선택해 사용하면 된다.

- Editor 모드 : 일반적으로 글을 쓸 때 사용하는 모드로, 글, 사진, 동영상 등을 첨부하여 콘텐츠를 제작할 수 있다.
- HTML 모드 : HTML 소스를 활용하여 글을 작성하는 모드로, 글자 태그, 이미지 태그, 동영상 태그 등 각종 HTML 소스 사용법을 알아야 한다.
- TEXT 모드 : 메모장에 글을 쓰는 것처럼 텍스트로 된 글만 작성할 수 있는 모드로, 글꼴 지정이나 사진, 동영상 등은 삽입할 수 없다.

❺ **주제분류** : 작성하는 글의 주제를 지정할 수 있다. 글의 주제를 지정하면 블로그 홈의 '주제별 글보기' 영역에 노출이나 '오늘의 Top' 영역에 노출되기도 한다. 특히 블로그 모바일에서는 '오늘의 Top'이나 'HOT TOPIC'이 추천 카테고리별로 노출된다. '오늘의 Top' 영역에 노출되면 해당 분야에 관심 있는 사람들이 클릭할 확률이 높아져 블로그 방문자 수를 늘리는 데 도움이 된다.

▲ PC의 주제별 글보기와 오늘의 Top

▲ 모바일의 HOT TOPIC

네이버에서 C-랭크가 중요해지면서 한 가지 주제를 다루는 블로그를 전문적인 정보를 다룬다고 생각해 우선적으로 노출을 시켜주는데 여기에 해당하는 주제는 다음과 같다.

엔터테인먼트, 예술	생활, 노하우, 쇼핑	취미, 여가, 여행	지식, 동향
문학 · 책	일상 · 생각	게임	IT · 컴퓨터
영화	육아 · 결혼	스포츠	사회 · 정치
미술 · 디자인	애완 · 반려동물	사진	건강 · 의학
공연 · 전시	좋은글 · 이미지	자동차	비즈니스 · 경제
음악	패션 · 미용	취미	어학 · 외국어
드라마	인테리어 · DIY	국내여행	교육 · 학문
스타 · 연예인	요리 · 레시피	세계여행	
만화 · 애니	상품리뷰	맛집	
방송	원예 · 재배		

▲ 네이버 블로그의 주제분류

주제분류에는 네이버에서 말하는 주제와 동일하게 나온다. 그렇기 때문에 콘텐츠를 작성할 때는 주제분류에서 주제를 선택하고 글을 쓰는 것이 좋다.

주제를 선택하면, 내블로그와 블로그 홈에서 주제별로 글을 볼 수 있습니다.
전체공개, 검색허용 글은 주제를 선택하지 않아도 블로그 홈>주제별 글보기>전체에서 볼 수 있습니다.

엔터테인먼트·예술	생활·노하우·쇼핑	취미·여가·여행	지식·동향
○ 문학·책	○ 일상·생각	○ 게임	○ IT·컴퓨터
○ 영화	○ 육아·결혼	○ 스포츠	○ 사회·정치
○ 미술·디자인	○ 애완·반려동물	○ 사진	○ 건강·의학
○ 공연·전시	○ 좋은글·이미지	○ 자동차	○ 비즈니스·경제
○ 음악	○ 패션·미용	○ 취미	○ 어학·외국어
○ 드라마	○ 인테리어·DIY	○ 국내여행	○ 교육·학문
○ 스타·연예인	○ 요리 레시피	○ 세계여행	
○ 만화·애니	○ 상품리뷰	○ 맛집	
○ 방송	○ 원예·재배		

◉ 주제선택안함   ☐ 이 카테고리의 글은 항상 이 주제로 분류

▲ 주제분류 목록

❻ 태그달기 : 태그는 내가 작성한 콘텐츠에 관련된 주요 정보를 쉽게 찾을 수 있도록 표시하는 일종의 꼬리표 같은 것이다. 태그와 태그는 쉼표로 구분하며, 최대 10개까지 입력할 수 있다. 태그가 작성되어 있는 경우 보다 정확한 콘텐츠라고 인지하게 되어 검색에 도움을 줄 수 있다. 하지만 블로그는 인스타그램이나 카카오스토리처럼 해시태그 기반이 아니기 때문에 태그가 검색 노출에 큰 영향을 미치지는 않는다. 단, 모바일에서는 동일한 태그를 사용하는 블로그 글들이 아래쪽에 함께 노출되므로 연관된 콘텐츠 클릭을 유도할 수 있다는 장점이 있다. 따라서 글을 올릴 때는 최적의 태그를 찾아 반드시 입력하도록 하자.

▲ 모바일에서 태그로 묶인 글

▲ 태그 섹션 베타 버전일 때(2015년)

이처럼 블로그에서 활용하는 태그는 검색 노출보다는 단지 글을 묶어주는 역할만 한다. 따라서 태그를 활용한다면 본문에 작성했던 키워드들과 동일한 태그를 넣는 것이 좋다. 2015년에 블로그 섹션처럼 태그 섹션이 베타 버전으로 테스트하는 기간을 거치기도 했으므로, 혹시라도 다시 태그 섹션이 생성된다면 내가 노출하고 싶은 태그와 키워드가 동일하기 때문에 검색 노출에 도움이 될 수 있을 것이다.

❼ **설정정보** : 글의 공개 상태, 댓글, 공감, 검색 허용, 블로그/카페 보내기 허용 등을 설정할 수 있다.

- 전체공개/이웃공개/서로이웃공개/비공개 : 이웃공개(서로이웃공개)나 비공개로 글을 쓰는 것보다 전체공개로 글을 쓰는 것이 검색 노출에 도움이 된다.
- 댓글허용/공감허용 : '댓글허용'은 활성화, '공감허용'은 비활성화로 초깃값이 설정되어 있다. 블로그 최적화를 위해서는 다른 방문자가 공감을 누를 수 있도록 '공감허용'도 활성화하는 것이 좋다.
- 검색허용 : 네이버에서 자신의 글이 검색되도록 설정하는 기능이다. 우리는 네이버에 노출시키기 위한 목적으로 블로그를 운영하고 있으므로 반드시 활성화시켜야 한다.
- 블로그/카페 보내기 – 링크허용 : 해당 글을 다른 블로그나 카페로 스크랩했을 때 링크만 게시될 수 있도록 하는 기능이다. 링크를 클릭하여 원문 블로그로 이동한 후 내용을 볼 수 있다.

◀ 링크 허용하기 결과

- 블로그/카페 보내기 – 본문허용 : 스크랩했을 때 블로그의 내용이 모두 표시되어 원문으로 이동하지 않아도 내용을 볼 수 있다. 내 콘텐츠를 확산시키고자 한다면 '블로그/카페 보내기'를 '본문허용'으로 설정하는 것이 좋다.

◀ 본문 허용하기 결과

❽ **등록시간** : 작성한 블로그 글의 등록시간을 설정할 수 있다. '현재'를 선택하면 작성 즉시 게시할 수 있고, '예약'을 선택하면 특정 날짜와 시간에 글을 게시할 수 있다. 최적화 블로그를 만들기 위해서는 매일 글을 올리는 것이 좋으므로 특정 날짜에 피치 못할 사정으로 글을 쓸 시간이 없다면 미리 글을 써놓고 예약 기능을 활용하면 된다. 예약 글을 올릴 경우 사람들이 블로그를 많이 사용하는 시간대를 선택하여 등록하는 것이 좋다.

▲ 포스팅 예약하기

이기용의
×
한 마 디 !

사람들이 블로그를 가장 많이 이용하는 시간대는 언제일까?

사람들이 블로그를 많이 사용하는 시간에 콘텐츠가 올라가면 좋은 이유는 간단하다. 블로그를 하는 사람들은 자신의 블로그 점수를 올리기 위해 새로운 콘텐츠를 올린 이웃 블로그에 방문하여 댓글이나 공감 등을 남기게 되므로 이 시간대에 콘텐츠를 올리면 이웃들의 방문 확률이 높아져 내 블로그 지수가 높아지기 때문이다.

블로그를 할 수 있는 시간이라고 하면 자유롭게 스마트폰 등을 사용할 수 있는 시간을 의미한다. 일반적으로 출근시간, 점심시간, 퇴근시간 그리고 자정에 블로그를 가장 많이 사용하므로 블로그 소통도 이 시간에 가장 활발하게 이루어진다. 특히, 자정시간에는 1일 1포스팅을 하기 위해서 12시가 넘어가기 전에 블로그 콘텐츠를 올리고 소통을 하는 경우가 많기 때문에 교류가 가장 활발한 시간이라고 할 수 있다.

∶ 스마트 에디터(Smart Editor) ONE ∶

스마트 에디터 ONE은 2015년 8월부터 서비스 된 스마트 에디터 3.0을 대신하여 2018년 12월부터 서비스가 시작되었다. 스마트 에디터 2.0과 스마트 에디터 3.0 기능들 중 장점만을 결합한 버전이라고 할 수 있다. 스마트 에디터 3.0은 글을 쓸 때 문단이나 사진이 하나의 블록처럼 인식되었었다면, 스마트 에디터 ONE은 스마트 에디터 2.0처럼 문단이나 사진이 글자로 인식되어 수정이 용이하다는 장점을 가지고 있다. 보다 쉽게 콘텐츠를 작성하고 편집할 수 있으며, 매거진처럼 깔끔한 글쓰기가 가능해졌다는 점에서 최근 많이 사용되고 있다.

스마트 에디터 ONE의 장점

- 잡지 같은 타이틀, 제목 배경 이미지 넣기 가능
- 달라진 텍스트 입력 방법과 간편해진 편집 방법
- 다양한 사진 편집 방법과 사진 가로폭 조절 가능
- 드래그&드롭으로 쉽게 위치 옮기기 가능
- 같은 글도 전문가가 쓴 것처럼 – 인용구와 구분선 활용 가능
- 문서 테마로 내 글의 개성 살리기
- 휴대폰, 태블릿, PC 기기별 미리 보기 가능
- 템플릿 불러오기 – 매번 하던 스타일 편집을 한 번에 해결 가능
- PC에서 쓴 글을 모바일에서 수정 가능(모바일과 PC의 경계가 없음)
- 폴더에서 드래그 앤 드롭만으로 이미지 삽입 가능
- 부분 템플릿 기능을 사용하여 글 안에 또 하나의 양식 삽입 가능
- 링크 아이콘을 클릭할 필요 없이 본문에 URL을 붙여 넣으면 자동으로 임베딩 블록 생성
- 웹 기반 수식 입력 가능

스마트 에디터 ONE의 특징

네이버 검색창에서 '스마트 에디터 ONE'으로 검색하여 블로그에서 [글쓰기] 버튼을 클릭한다.(스마트 에디터 2.0 블로그 글쓰기 화면 상단에 표시된 [스마트 에디터 ONE으로 글쓰기]를 클릭해도 된다.) 글을 쓸 수 있는 영역이 다음과 같이 나타난다.

▲ 스마트 에디터 ONE 기본 글쓰기 화면

◉ 배경 이미지 삽입 가능

스마트 에디터 2.0과 ONE의 가장 큰 차이점 중 하나는 잡지 같은 타이틀과 제목에 배경 이미지를 넣을 수 있다는 점이다. 제목 부분 오른쪽 상단의 그림 모양의 아이콘을 클릭하면 다음과 같이 사진을 선택하여 삽입할 수 있다.

▲ 제목에 사진 넣기

● 기기별 미리 보기 가능

스마트 에디터 ONE은 모바일, 태블릿, PC 기기별 미리 보기가 가능하다. 기본 입력 화면은 PC에서 보이는 화면이고, 오른쪽 하단의 아이콘을 클릭하면 차례로 '모바일', '태블릿', 'PC' 화면 미리 보기가 가능하다.

▲ 스마트 에디터 ONE PC 미리 보기 화면

▲ 스마트 에디터 ONE 태블릿 미리 보기 화면

▲ 스마트 에디터 ONE 휴대폰 미리 보기 화면

◉ 인용구 기능

스마트 에디터 ONE은 콘텐츠를 전문적으로 보일 수 있는 인용구 기능을 사용할 수 있다. 인용구의 글자 크기, 글자색, 형태 등도 변경이 가능하다. 또, 인용구 하단에는 출처를 적을 수 있어 콘텐츠가 더 전문적으로 보이기 때문에 활용가치가 높다.

▲ 스마트 에디터 ONE 인용구 활용

● 블로그 설정 항목 숨기기

스마트 에디터 2.0에서는 바로 보였지만 스마트 에디터 ONE에서는 바로 보이지 않는
메뉴가 있다. 바로 '카테고리 설정과 주제 분류, 전체공개, 이웃공개, 서로이웃공개, 비
공개 설정, 댓글허용, 공감허용, CCL표시, 검색허용, 블로그/카페 공유, 외부 공유 허용'
등의 메뉴이다. 이 메뉴는 [발행] 버튼을 눌렀을 때 표시된다.

▲ 스마트 에디터 ONE 설정 항목

2.0 vs. ONE 검색 노출 승자는?

일부에서는 스마트 에디터 ONE에서 작성한 포스팅이 검색에서 노출이 더 잘 된다는 말
이 있다. 스마트 에디터 ONE이 네이버에서 새롭게 공급하는 서비스이기 때문에 홍보를
위한 목적도 있고, 깔끔한 글쓰기가 가능해지면서 더 양질의 콘텐츠처럼 보이기 때문인
듯하다. 그럼에도 여전히 스마트 에디터 2.0을 쓰는 사용자가 줄지 않는 이유는 '한글'
프로그램과 메뉴 구성이 비슷하여 익숙하기 때문인 것으로 풀이된다. PC를 주로 사용하
는 사람이라면 스마트 에디터 2.0이 편하고 모바일을 주로 사용하는 사람이라면 스마트
에디터 ONE이 편하다고 느껴질 것이다. 여전히 이런 저런 소문은 무성하지만 확인해본
결과 현재까지는 스마트 에디터 2.0과 스마트 에디터 ONE 둘 중 어떤 것을 사용해도 노

출에 큰 차이는 없다. 다만, 앞으로 모바일이 더 활성화되면서 스마트 에디터 ONE으로 비중이 옮겨갈 것은 기정사실인 듯하다.

： 어떻게 글을 쓸 것인가? ：

서두에서도 이야기했지만 이번 주 차에서는 상위 노출을 위한 글쓰기가 아닌 최적화를 위한 글쓰기와 블로그 포스팅을 쉽게 하기 위해 편하게 글을 쓸 수 있는 콘텐츠 작성 방법을 알아보고 있다. 며칠 동안 글을 쓰면서 적응이 되었다면 타깃을 고려해 방문자가 콘텐츠를 읽고 난 후 쉽게 이해하고 받아들일 수 있도록 작성해 나가야 한다.

콘텐츠를 작성할 때 가장 중요하게 생각해야 할 것은 역지사지(易地思之)이다. 내가 읽기 싫거나 힘든 글은 남들도 마찬가지다. 따라서 내가 전달하고자 하는 정보만 전달하거나 내가 편한 대로 콘텐츠를 작성하기보다는 소비자들이 원하는 정보, 소비자들이 콘텐츠를 접했을 때 가독성이 높은 콘텐츠를 제작하는 것이 좋다.

타깃층에 맞는 단어를 사용하라

블로그 글쓰기에 사용하는 단어는 타깃에 따라서 다르게 사용해야 한다. 만약 내가 작성한 콘텐츠가 공략하고 있는 주 타깃층이 20~30대인 경우 딱딱한 어투를 사용하거나 '다, 나, 까' 등의 문장으로 끝내는 것보다는 20~30대 구독자들이 공감할 수 있도록 요즘 유행어나 이모티콘 등을 활용해가면서 콘텐츠를 작성하는 것이 좋다.

내가 잡고 있는 타깃이 10~20대인데 다음 예문처럼 딱딱하게 끝나는 문체의 게시글이라면 자연스럽게 다른 콘텐츠를 클릭하게 될 것이다.

반대로 40~50대를 타깃으로 하는 블로그에서 '헐', '왠열'과 같은 신조어 등을 사용한다면 내용을 쉽게 이해하기 힘들뿐더러 주 타깃층들이 불편함을 느끼게 될 것이다. 콘텐츠를 읽는 40~50대 구독자들이 쉽게 이해할 수 있도록 신조어 사용을 자제하고 표준어를 사용하여 콘텐츠를 작성하는 것이 좋다.

무조건 쉽고 간결하게 서술하라

블로그 콘텐츠를 제공하려고 할 때 기사나 책을 쓰듯이 딱딱하고 단순하게 내용만 전달하려고 하면 구독자들은 그 글을 외면하게 된다. 블로그에서 구독자들과 '소통'을 하기 위해서는 같은 정보를 제공한다 하더라도 대화하듯 쉽고 간결하게 작성하는 것이 좋다.

다음 두 글을 비교해 보자. 어떤 글을 더 보고 싶은가? 첫 번째 글은 정보가 길게 나열되어 있기 때문에 내가 원하는 정보가 한눈에 잘 들어오지 않는다. 반면, 두 번째 글은 내용을 간결하게 작성하여 원하는 정보를 한눈에 볼 수 있을 정도로 가독성이 높아 사람들이 더 쉽게 접근할 수 있다.

▲ 정보만 길게 나열되어 있는 글

▲ 간결하게 작성하여 가독성이 높은 글

또 다른 두 개의 블로그 글을 보자. 첫 번째 글은 기사처럼 작성했고 두 번째 글은 똑같은 정보성 콘텐츠이지만 대화하듯 작성했다. 사람들은 블로그에 정보를 얻기 위해 들어왔지만 기사나 책처럼 딱딱하게 쓰여 있으면 책이나 기사를 읽지, 굳이 블로그 글을 보지 않게 된다. 두 번째 글처럼 블로그 글을 보는 사람들이 불편하지 않게 대화하듯이 공감을 유도하면서 글을 쓰는 것이 좋다.

지난 5. 6일 구미 해평중학교 핸즈온 경북데이에 이어 두 번째로 군위군 의흥중학교 핸즈온 경북데이를 2015. 5. 11(월) 의흥중학교 전교생(24명), 군위정보고등학교 전교생(26명) 총 50명을대상으로 학교 강당에서 개최하였다.

일회용품을 줄여 환경보전에 함께한다는 의미를 담은 '에코 나눔 텀블러 만들기' 핸즈온 프로젝트를 진행하였다. 학생들이 환경과 관련한 메시지와 의미를 부여한 그림을 그려 텀블러를 꾸미는 활동이다. 환경을 생각하며 정성스럽게 완성한 텀블러는 군위군 관내에 있는 지역아동센터 3곳(군위지역아동센터, 부계지역아동센터, 꿈밭지역아동센터)에 기증하여 아동들이 이용할 수 있도록 하였다.

또한, 자원봉사 기초교육과 핸즈온 자원봉사를 이해하고 실천할 수 있도록 이론교육도 진행되었다. 교육 내용은 자원봉사의 특성과 우리 지역 사회와 이슈에 대해 정확하게 인식하고 경험함으로써 청소년들이 올바른 가치관과 사회적 감수성을 확립하기 위한 내용으로 진행되었다.

다음 경상북도 자원봉사 모범학교 핸즈온 경북데이는 2015. 5. 29일 예정인 영덕군 축산중학교 핸즈온 경북데이도 기대해 본다.

▲ 기사처럼 딱딱하게 작성한 글

▲ 대화하듯이 작성한 글

: 홍보인 듯 홍보 아닌 **리뷰 쓰기** :

타깃에 맞는 글을 쓸 수 있게 되었다면 상업적인 글 또한 블로그를 방문하는 사람들이 좋아하도록 쓸 수 있어야 한다. 그럼 홍보글을 어떻게 작성해야 방문자들이 거부감이 들지 않을까? 블로그를 방문하는 사람들의 가장 큰 목적은 간접경험이다. 상품을 구매하기 전이나 특정 지역에 방문하기 위해서 다른 사람의 후기를 참고하는 것이다.

칭찬일색? 절대 경계할 블로그가 된다

요즘은 블로그를 통한 홍보에 대해 많이 알고 있기 때문에 무작정 좋은 점들만 나열하는 것은 '어라, 이거 광고글이네'라고 생각하고 외면하게 된다. 따라서 제품이나 서비스에 대해서 글을 쓸 때 칭찬일색에다 100점을 주는 것은 바람직하지 않다. 해당 서비스나 제품에 70~80점 정도를 준다고 생각하고 글을 쓰면 글을 읽는 사람들이 신뢰성을 갖게 된다. 홍보글이지만 홍보글이 아닌 것처럼 작성해야 한다는 것을 꼭 기억하자.

나와 친구는 맥주를 좋아해 호프집을 자주 방문한다.
우리가 맥줏집을 자주 방문하는 기준은 바로 맥주 맛!
그중 가장 자주 가는 곳이 바로 OO이다.
사람이 많아서 시간대가 안 맞으면 1~2시간은 기본으로 기다려야 한다.
그래도 자주 갈 수밖에 없는 이유가 있지.
바로 맥주 맛!!!
손님이 많다보니 맥주가 나오는 호스를 자주 청소하기 때문이라고 한다.
그러다보니 맥주 맛이 더 깔끔하고 좋다.
맥주 맛이 좋다보니 더더 사람들이 많이 찾는 듯하다.
또 이곳은 맥주와 잘 어울리는 안주들이 즐비하고 맛이 너~~~무 좋다.
서빙하는 알바생들이 잘생겼다는 점도 이곳을 찾는 이유 하나 더 추가 ㅋㅋ
OO에 대한 나의 점수는 80점!
호스 청소를 자주 해서 맥주 맛도 좋고, 안주나 분위기는 너무 좋지만
1~2시간 기다려야 한다는 점은 마이너스 요인! ㅠㅠ
맥주가 너무 먹고 싶을 때 기다리는 게 너무 고통이다.
그래도 나도 모르게 자꾸 방문하게 되는 그런 아이러니함.

위 예시 글은 자신이 방문하는 맥줏집에 100점을 주지 않고 기다리는 시간에 대한 불평을 하면서 80점을 주었다. 하지만 맥주 맛이 깔끔한 이유를 이야기하면서 기다릴 만한 가치가 있다고 한 것이다. 글쓴이는 80점을 준 맥줏집이지만 그 글을 읽는 사람에게는 80점을 넘어 100점이 아니라 120점이 된 맥줏집이 되어 맥줏집 방문 욕구가 생겨날 것이다. 이렇게 글을 쓸 때 한 가지 주의할 점은 제품이나 서비스의 치명적인 결함을 쓰면 안된다는 것이다. 제품이나 서비스의 단점을 쓸 때 '다른 제품이나 서비스처럼 이 제품이나 서비스도 이렇다'라고 쓴 후 다른 장점들을 부각시키는 것이 좋다.

| 2주 차 과제 | 블로그 포스팅 작성하기

■ 포스팅할 때 사진 5장 이상 넣고 포스팅하기
  • 직접 찍은 사진을 활용하여 직접 타이핑하기
  • 일상 글을 위주로 올리되, 쉽게 접근할 수 있는 먹거리를 주제로 포스팅하기
■ 일주일 동안 총 7개 포스팅하기
  • 하루에 7개를 한꺼번에 올리지 않고 하루에 하나씩 포스팅하기

일 차	주제	내용
1일 차		
2일 차		
3일 차		
4일 차		
5일 차		
6일 차		
7일 차		

03 WEEKS

나의 정체성을 보여줄
블로그 꾸미기

벤치마킹을 통해 콘셉트를 잡고 자신의 블로그 운영 계획을 세워 글을 쓰기 시작했다면, 이제 본격적으로 블로그에 옷을 입혀 보자. 이번주에는 블로그 이름을 만들고, 닉네임 수정방법과 내 블로그에 사람들이 방문했을 때 어떤 블로그인지 한눈에 알아볼 수 있는 카테고리 설정방법을 알아보자.

: 내 블로그 기본 정보 설정과 카테고리 구성하기 :

처음 블로그를 시작한다면 기본 정보 설정은 반드시 해야 한다. 자신의 블로그 콘셉트에 맞도록 기본 정보를 작성하고 카테고리를 만들기 위해서는 관리 페이지를 이용하면 된다. [관리] 메뉴에서는 블로그 운영 전반에 대한 모든 것들을 설정하고 변경할 수 있다.

프로필 영역에서 [관리]를 클릭하거나 오른쪽 상단의 [내 메뉴]−[관리]를 클릭하면 [관리] 페이지로 이동할 수 있다. 관리 페이지에서 설정할 수 있는 항목은 크게 4가지로 나누어진다.

❶ **기본설정** : 기본 정보 설정이나 이웃 관리 등 블로그 운영 전반에 관해 설정할 수 있다.

❷ **꾸미기 설정** : 블로그 스킨이나 위젯, 아이템 등을 설정하여 블로그를 꾸밀 수 있다.

❸ **메뉴·글 관리** : 블로그에서 사용할 메뉴 설정, 카테고리 지정을 비롯하여 글 전반에 관해 설정할 수 있다.

❹ **내 블로그 통계** : 블로그 방문자들의 유입 경로, 방문자 현황, 인기 포스트 등을 제공하고 있으므로 향후 블로그 운영에 도움을 얻을 수 있다.

4가지 항목 중 원활한 블로그 운영을 위해 반드시 설정해야 하는 메뉴에 대해 알아보자.

기본설정 〉 기본정보 관리 〉 블로그 정보

블로그 이름과 블로그 닉네임, 그리고 소개글 등을 설정할 수 있는 영역이다. 내가 어떤 주제로 블로그를 운영하고 있고, 어떤 콘텐츠들을 다루고 있는지를 블로그 방문자가 알 수 있도록 설정해야 한다.

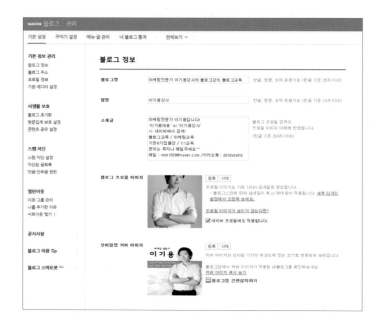

- **제목** : 블로그의 이름을 지정하는 곳으로, 내가 어떤 주제를 다루고 있는지 어떤 전문성을 가지고 있는지 보여주면 좋다. 제목은 블로그 검색 시 하단에 표시되므로 블로그라는 가게의 간판이라고 생각하고 신경 써서 지어야 한다. 예로 '정리컨설턴트'를 검색해 보자. 포스팅 제목과는 별개로 '수납만 잘해도 인생', '데이지의 홈 스타일' 등의 블로그 이름만으로도 정리 관련 내용을 다루는 블로그임을 단번에 알 수 있다.

▲ '정리컨설턴트' 검색 화면

다른 예를 보자. '디자이너브랜드' 키워드를 검색하면 다음과 같은 글들이 노출된다. '셀틱 패션과 문화', '패션&뷰티&일상', '함박의 패션&그루'와 같은 이름의 블로그에 더 시선이 간다. 패션 관련 콘텐츠들을 많이 다룬다는 의미의 이름들이기 때문에 더 유용한 콘텐츠가 있을 것 같고, 이 콘텐츠에서 내가 원하는 정보를 얻지 못하더라도 디자이너 브랜드에 관심이 있어서 검색을 한 것이기 때문에 패션 블로그에서 다른 정보들을 볼 수 있지 않을까라는 기대감에 더 클릭하게 된다.

▲ '디자이너브랜드' 검색 화면

이번엔 '3박4일 제주여행코스'를 검색해 보자. 다른 블로그보다 '여행소식 전해주는'이라는 이름의 블로그에 더 시선이 간다. 내가 '3박4일 제주여행코스'를 검색한 이유는 여행을 가기 위함이므로 블로그 이름에서부터 여행 관련 콘텐츠를 많이 다루는 블로그임을 알려주기 때문에 더 정확하고 다양한 정보들을 얻을 수 있을 것이란 기대감에 클릭하게 된다.

▲ '3박4일제주여행코스' 검색 화면

이처럼 블로그 이름은 클릭을 좌우하는 중요한 요소이다. 자신이 정한 콘셉트에 맞게 적절하고 위트 있는 이름을 지어보자.

• **별명** : 블로그 닉네임을 지정하는 곳이다. 블로그에서는 닉네임으로 부르기 때문에 사람들이 쉽게 기억할 수 있는 별명이나 자신이 어떤 일을 하는지 쉽게 알 수 있는 별명으로 설정하는 것이 좋다. 만약 강사인 블로그 운영자가 닉네임을 아무 상관없는 '용용이'로 설정한다면 이 사람이 어떤 일을 하고 있는지 쉽게 알기 어렵지만 '이기용강사'로 설정하면 쉽게 직업을 인식할 수 있을 것이다. 따라서 블로그 주인의 정체성을 잘 드러낼 수 있는 별명을 고민해야 한다. 만약 브랜드 블로그를 운영할 경우 닉네임은 기업의 블로그를 운영하는 사람이나 캐릭터를 만들어 캐릭터 이름으로 설정하는 것이 좋다. 기업이나 기관의 블로그 운영은 소비자들과의 소통을 통해 잠재고객을 확보하기 위함이므로 캐릭터를 통해 친근함을 유도하는 것이 좋다.

이기용강사
(vsm1028)
블로그마케팅강사 이기용입니다!
네이버=> '이기용강사' 검색!
블로그교육/블로그강의
기관&기업출강
1:1교육 전문
문의는 쪽지나 메일주세요^^
메일 : vsm1028@naver.com
카카오톡 : dlrldydehd

이 외에도 캔들 강의를 하는 사람은 '캔들크래프트 강사', 중고차를 판매하는 사람은 '차파는 누나', 책 쓰는 작가는 '책쓰는 오빠', 초등학교 교사는 '달콤샘 신은정', 화가는 '긍정화가 이경남', 심리상담사는 '고민들어주는 언니'처럼 자신의 정체성을 확실하게 보여 줄 수 있고, 기억하기 쉬운 닉네임을 지정하는 것이 좋다.

- **소개글** : 내 프로필을 소개하는 곳으로, 프로필 사진 하단에 반영된다. 블로그에 대한 정보를 표기할 수 있는 부분이므로 반드시 작성하도록 한다. 블로그 운영 목적, 브랜드명, 문의방법 등을 간단명료하게 써 넣으면 된다. 내용이 너무 길어지면 한눈에 자신의 정체성을 보여주기 힘들기 때문에 간단하게 작성하는 것이 좋다.

- **블로그 프로필 사진** : 블로그도 카카오톡처럼 프로필 사진을 지정할 수 있다. 블로그 프로필 사진에 따라서 신뢰도와 첫인상이 결정되므로 블로그 운영 목적에 맞는 사진이나 캐릭터 등으로 프로필 사진을 설정하면 된다. 필자처럼 강의를 하는 사람은 신뢰성이 생명이다. 신뢰감이 형성되어야 믿고 문의를 할 수 있는데 프로필에 자신의 얼굴조차 공개되지 않았다면 온라인상의 정보만으로 어떻게 문의를 할 수 있겠는가? 실제로 한 수강생이 필자에게 강의를 들은 이유 중 하나가 프로필 사진 때문이었다고 했다. 필자는 블로그에 얼굴이 잘 나와 있는데 다른 강사들은 어떻게 생겼는지 알 수 없어서 신뢰가 가지 않았다고 한다. 온라인을 중심으로 정보를 찾는 사람들이 많아지면서 소비자에게 신뢰를 주기 위해서는 자신과 관련 있는 프로필 사진은 필수로 지정하도록 한다.

기본설정 〉 사생활 보호 〉 콘텐츠 공유설정

블로그 포스팅은 블로거의 권리가 담긴 콘텐츠이기 때문에 글, 이미지, 동영상 등 모든 콘텐츠에 저작권이 있다. 이 콘텐츠가 무단으로 도용되지 않도록 설정하기 위해 반드시 콘텐츠 공유 설정에서 권한을 설정해 두어야 한다.

- **CCL 설정** : 작성한 콘텐츠는 저작권법에 따라 보호되며, 내 콘텐츠를 그대로 이용하거나 변경 가능 여부 등을 설정할 수 있다.
- **자동출처 사용 설정** : 다른 사람들이 자신의 콘텐츠를 복사하여 붙여넣기했을 때 자동으로 출처가 남는 기능을 사용할 수 있다.
- **마우스 오른쪽 버튼 금지 설정** : 다른 사람들이 자신의 블로그에서 마우스 오른쪽 버튼을 눌러 콘텐츠들을 저장하거나 복사해가는 것을 막고 싶을 때 사용할 수 있다.

메뉴 · 글 관리 〉 메뉴관리 〉 블로그

기본 설정을 완료했다면 블로그 정체성을 가장 잘 보여줄 수 있는 카테고리를 만들어보자. 카테고리는 내가 블로그에서 어떤 콘텐츠들을 다루고 있고 있는지 한눈에 보여줄 수 있는 공간이므로 콘셉트에 맞게 신경써서 설정해야 한다.

카테고리는 주제별로 나누되, 너무 많은 카테고리를 만들지 않아야 한다. 알려 주고 싶은 것이 많더라도 처음부터 카테고리 숫자가 너무 많으면 카테고리가 정리되지 않은 것처럼 보일 수도 있고, 소비자의 주의가 분산될 수 있기 때문이다. 또한, 특정 분야의 전문성 있는 블로그를 만들기 위해서는 너무 다양한 주제를 다루기보다는 내가 중점적으로 다룰 주제를 기본으로 중심 카테고리를 형성하고 일반적인 내용들은 일상카테고리 등에 담아서 주제가 흐려지지 않도록 해야 한다.

보통 주 카테고리는 3~5개 정도가 적당하고, 주 카테고리에 대한 세부 카테고리도 5개 이내로 지정하는 것이 좋다. 운영 초기에는 너무 많은 카테고리를 만드는 것보다는 2~3 개 정도의 카테고리만 사용하고 어느 정도 안정화되고 콘셉트가 잘 자리 잡았을 때 카테고리를 추가하는 것이 좋다. 이제 실제로 카테고리를 추가하는 과정을 알아보자.

블로그 카테고리를 만들기 위해 '메뉴 · 글 관리'에서 '블로그'를 클릭한다.

- **페이지당 포스트** : 한 페이지에 보이는 포스팅의 개수를 설정할 수 있다. 검색해서 자신의 블로그에 들어온 사람이 원하는 정보를 얻고 만족도를 높이기 위해서 페이지당 포스트를 '1개'로 설정한다. 페이지당 포스트가 1개가 아닌 경우 해당 글을 다 본 후에도 원하지 않는 다음 글로 바로 넘어가기 때문에 내가 원하는 정보를 찾기 어렵다고 생각하여 불편하다고 느낄 수 있기 때문이다.

- **카테고리명** : 블로그에 사용할 카테고리의 이름을 입력한다. 블로그의 정체성을 보여주기 위해 카테고리명을 특색 있게 설정하는 것이 좋다.
- **공개설정** : 해당 카테고리를 공개로 할 것인지 비공개로 할 것인지 선택할 수 있다. 비공개로 일기를 쓰는 블로그가 아니라면 '공개'로 설정하여 많은 사람들에게 보여주는 것이 좋다.

- **주제분류** : 카테고리에 맞는 주제를 선택할 수 있다. 맛집 카테고리라면 주제를 '맛집'으로 설정하면 된다. 주제를 분류하면 블로그 메인의 '오늘의 Top'에 뜰 확률이 높아져 더 많은 사람들에게 내 콘텐츠를 보여줄 수 있는 기회가 될 수 있다.

- **글 보기** : 글 보기의 형태는 블로그형과 앨범형 중 하나를 선택할 수 있다. 블로그형은 블로그 포스트 제목을 텍스트로만 보여 주며, 해당 카테고리를 클릭하면 가장 최신 포스트가 보인다. 반면, 앨범형은 섬네일 이미지가 포함된 제목 형태로 포스트를 보여준다.

BLOG (98)

스크랩 | 엮인글 | 목록닫기

이기용강사가 마케팅전문가 평가위원으로 심사하고 왔답니다^^ (5)　　　0　0　2016.03.21.
치과 실장님 블로그 교육 1:1 초급과정 교육하고 왔답니다^^ (1)　　　0　0　2016.03.21.
서포터즈발대식 블로그마케팅교육 진행하고 왔답니당 (2)　　　0　0　2016.03.20.
부동산블로그교육 하고 왔답니당★★ (1)　　　0　0　2016.03.20.
부산블로그교육 다녀왔답니다★★ (2)　　　0　0　2016.03.08.

1 2 3 4 5 6 7 8 9 10 다음▶

글관리 열기　5줄 보기 ▼

이기용강사가 마케팅전문가 평가위원으로 심사하고 왔답니다^^ | BLOG
2016.03.21. 21:24 | 수정 | 삭제
http://blog.naver.com/vsm1228/220650578667 복사

🔍 전체뷰어 보기

지난주에 이기용강사가 중소기업청 산하 공공기관인
중소기업유통센터에서 중소기업들을 대상으로
마케팅을 지원해 주는 사업에서
마케팅전문가 평가위원으로 참여하고 왔는데용!★★

▲ 블로그형

맛집 (89)　　　　　　　　　　　　　　　　　　　목록열기

[광주맛집] 광주여대앞 - 카페베네 [138]
2013.07.19.

[가평맛집] 아침고요수목원 - 가평잣두부집 [180]
2013.07.18.

[성주맛집]하복대(복대동) - 불불 [164]
2013.07.17.

[강화도맛집] 서해안맛집 - 서해안횟집 [195]
2013.07.16.

[여수맛집] 여천 - 닭익는마을 (복날엔 삼계탕기) [208]
2013.07.13.

[제주도맛집] 성미가든 - 성산일출봉,휘닉스아일랜드,섭지코지 주변 [146]
2013.07.12.

[제주도맛집] 제주 연동 - 빕스 [180]
2013.07.09.

[제주도맛집] 제주똑배기 - 성산일출봉,휘닉스아일랜드,섭지코지 주변 [166]
2013.07.05.

[제주도맛집] 와룡세상 [217]
2013.07.03.

▲ 앨범형

다음과 같이 요리 레시피, 맛집, 여행 등 시각적인 부분이 중요한 콘텐츠들이 주를 이루는 카테고리나 대표 이미지를 지정하여 글을 쓰고 꾸며서 사진으로 부각시킬 수 있는 카테고리는 앨범형으로 설정하는 것이 좋다. 다만, 앨범형으로 지정된 카테고리의 경우 포스트에 사진이 포함되지 않은 포스트는 블로그에 노출되지 않는다.

▲ 앨범형이 잘 어울리는 후기 블로그

▲ 앨범형이 잘 어울리는 패션 블로그

- **목록보기** : 카테고리를 선택했을 때 포스트 상단에 동일 카테고리에 게시된 글 목록을 미리 보여줄 것인지 여부와 보여준다면 몇 개를 보여줄 것인지를 선택할 수 있다. 단, 이 기능은 블로그형에서만 지정 가능하다. 목록보기는 해당 카테고리에서 관련된 내용의 다른 콘텐츠들을 추가적으로 보여줄 수 있기 때문에 방문자가 다른 콘텐츠들을 클릭하도록 유도할 수 있는 기회가 된다. 그렇기 때문에 목록보기는 '목록열기'로 설정하는 것이 좋다. 목록열기는 '5줄 보기, 10줄 보기, 15줄 보기, 20줄 보기, 30줄 보기'로 나뉘는데 '5줄 보기'가 가장 적당하다. 10줄 보기나 30줄 보기는 사람들에게 더 많은 콘텐츠를 접하게 할 수 있는 기회는 될 수 있겠지만 한 화면에 너무 많은 것이 보이면 원래 보려고 했던 콘텐츠를 보는 데 방해가 될 수 있으므로 주의가 필요하다.

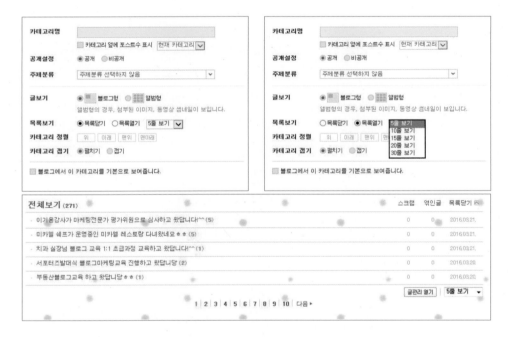

- **카테고리 정렬** : 카테고리의 순서를 변경할 수 있다. '위/아래/맨위/맨아래' 버튼을 클릭하거나 왼쪽 미리보기 창에서 드래그앤드롭으로 순서를 변경할 수 있다.
- **카테고리 접기** : 카테고리의 개수가 많은 경우 깔끔하게 보이기 위해 사용한다. 메인 카테고리는 접을 수 없고, 하위(2단계) 카테고리만 접을 수 있다. 한 화면에 카테고리

가 너무 많으면 블로그가 산만해보이고, 전문성이 떨어져 보일 수 있다. 어쩔 수 없이 세부 카테고리가 많아졌다면 '카테고리 접기'를 통해서 카테고리가 정돈되어 보이도록 설정하자.

▲ 카테고리 펼치기   ▲ 카테고리 접기

- **블로그에서 이 카테고리를 기본으로 보여줍니다** : 내 블로그 메인화면에 해당 카테고리의 글을 노출하고자 할 때 사용한다. 이 기능은 주소창에 내 블로그 주소를 입력하여 들어온 사람들에게 보여줄 때 사용할 수 있으며, 자신의 블로그에 중요한 공지사항이나 프로필을 포스팅으로 작성해 두고 사람들에게 알려주고자 할 때 주로 사용한다.
- **카테고리 추가** : 왼쪽 미리보기 화면에서 [카테고리 추가] 버튼을 클릭하면 '게시판'이라는 이름으로 카테고리가 생성된다. '게시판'을 클릭하고 오른쪽에서 카테고리명을 수정하면 새로운 카테고리 만들기가 완성된다.

- **세부 카테고리 추가 :** 메인 카테고리에 하위(세부) 카테고리를 추가할 수도 있다. 세부 카테고리는 메인 카테고리를 선택한 상태에서 상단의 [카테고리 추가] 버튼을 클릭하면 된다. 다시 메인 카테고리를 만들고자 한다면 '카테고리 전체보기'를 선택하고 [카테고리 추가]를 클릭하면 된다.

- **카테고리 삭제 :** 카테고리를 삭제하기 위해서는 해당 카테고리를 선택하고 상단에 [삭제] 버튼을 클릭하면 된다. 단, 카테고리를 삭제하면 해당 카테고리에 있는 모든 내용이 삭제되므로 주의해야 한다. 하위 카테고리를 가지고 있는 메인 카테고리를 삭제할 때는 현재 선택한 카테고리만 삭제할 것인지, 하위 카테고리까지 모두 삭제할 것인지 묻는 창이 나타난다. 실수로 하위 카테고리까지 전부 지우는 일이 생기지 않도록 주의하자.

카테고리에 관한 유용한 팁

내 블로그에 들어오는 사람들의 대부분은 검색창에서 검색 후 검색 결과에 노출된 포스트를 보고 들어온다. 이 사람들에게 내 블로그의 다른 글을 보도록 유도하기 위해서는 카테고리 구성이 잘 되어 있어야 한다. 카테고리를 구성할 때 알아두면 좋은 팁을 공개한다.

① 카테고리 개수를 많이 하지 마라

내 블로그에서 어떤 콘텐츠를 주로 다루고 있는지 보여주기 위해서는 복잡하게 끝도 없이 나열되는 카테고리 구성은 피해야 한다.

② 카테고리 이름을 명확하게 써라

카테고리는 내가 어디에 글을 쓸지 구분하기 위해서 구성하는 것이 아니라 방문자에게 자신이 어떤 콘텐츠를 다루고 있는지 전문성을 보여주기 위해 구성하는 것이다. 따라서 카테고리 이름만 보고도 어떤 주제를 다루고 있는지 한눈에 알 수 있도록 명확하게 작성하는 것이 좋다.

③ 세부 카테고리를 활용하라

메인 카테고리로만 구성하면 카테고리의 개수만 많아질 뿐 전문성이 떨어져 보일 수 있다. 전문성을 보여주기 위해 메인 카테고리에 주제별로 세부 카테고리를 만들어 사용하는 것이 좋다.

④ 구분선을 활용하라

주제가 크게 바뀌는 부분에서는 구분선을 활용하여 카테고리를 나눠주는 것이 좋다. 예를 들어 '일상 이야기'와 '교육', '마케팅 이론'의 세 가지 카테고리를 사용한다고 가정하면, 세 카테고리는 모두 다른 내용을 담고 있으므로 구분선을 표시하여 구분해 주는 것이 좋다.

메뉴·글 관리 〉 메뉴관리 〉 블로그 상단 메뉴

블로그 상단 메뉴는 말 그대로 블로그의 상단에 바로 표시되는 메뉴로, 블로그 카테고리 중 일부를 상단에 배치하여 방문자들이 쉽게 찾아볼 수 있도록 하기 위한 메뉴이다. 사람들에게 내가 어떤 주제를 다루고 있는지 한눈에 보여줄 수 있기 때문에 반드시 설정하도록 한다.

블로그 상단에는 최대 6개의 메뉴와 카테고리를 배치할 수 있으며, 일반적으로 '프롤로그', '블로그', '선택한 카테고리', '지도', '서재', '소셜앱스', '메모', '태그' 순으로 배치된다. 상단 노출 메뉴에는 블로그의 카테고리와 앱 목록을 합쳐 최대 4개까지 설정할 수 있다.

▲ 블로그 상단 메뉴

| 프롤로그 | **블로그** | | | | 지도 \| 서재 \| 앱스 \| 메모 \| 태그 \| 안부 |

▲ 블로그 상단 메뉴 변경 전

| 프롤로그 | **블로그** | **맛집** | **여행** | **일상** | **정보** | 지도 \| 서재 \| 앱스 \| 메모 \| 태그 \| 안부 |

▲ 블로그 상단 메뉴 변경 후

블로그 상단 메뉴를 변경하기 위해서는 먼저 내 블로그에서 '관리 > 메뉴·글 관리 > 메뉴관리 > 상단메뉴 설정'을 클릭한다. '메뉴 사용 관리'에서 상단메뉴로 설정할 메뉴명의 '사용'란에 체크한다.

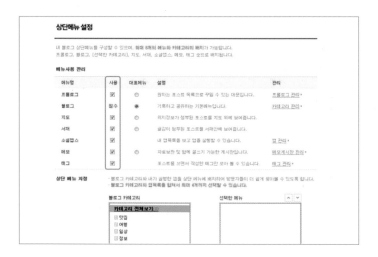

하단의 '상단 메뉴 지정'에서는 블로그에서 사용 중인 카테고리 중 상단에 노출할 카테고리를 선택할 수 있다. '블로그 카테고리' 영역에서 노출을 원하는 카테고리를 선택하고 [선택] 버튼을 클릭하면 '선택한 메뉴' 영역에 표시된다. '선택한 메뉴'에 표시된 카테고리가 상단에 노출되며, 화살표 아이콘을 클릭하면 순서 변경도 가능하다.

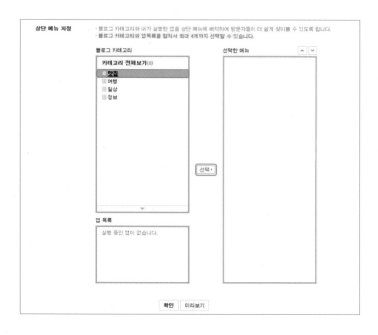

ː 프롤로그 설정하기 ː

프롤로그는 내 블로그가 어떤 콘텐츠들을 다루는 블로그인지를 한눈에 보여주기에 가장
적합한 영역이다. 프롤로그를 설정하지 않으면 블로그에 작성한 최신글이 보이기 때문
에 사람들이 블로그에 들어왔을 때 한눈에 어떤 콘셉트의 블로그인지 알아차리기 어렵
다. 프롤로그를 설정하여 어떤 주제의 블로그를 운영하는지 보여준 후 다양한 콘텐츠를
접할 수 있도록 하는 것이 브랜드 이미지를 각인시키기에 좋다. 반대로 블로그의 콘셉트
나 주제 없이 다양한 콘텐츠들을 올리는 경우에는 프롤로그를 설정하는 것이 오히려 더
지저분해 보일 수 있다.

프롤로그 설정하기

내 블로그에서 '관리 〉 메뉴·글 관리 〉 프롤로그'를 클릭한다. 프롤로그는 '포스트 강조'
와 '이미지 강조' 2가지 형태로 설정 가능하다. '포스트 강조'는 '메인 목록, 글 목록, 이미
지 목록'으로, '이미지 강조'는 '메인 이미지 목록, 글 목록'으로 구성된다.

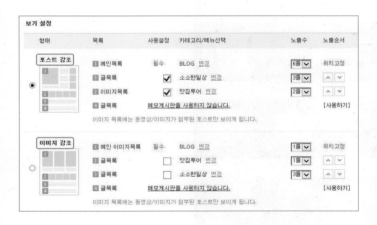

'포스트 강조'와 '이미지 강조'는 각각 다음과 같이 표시된다. 이미지와 내용을 간략하게 보여주고 싶을 땐 '포스트 강조', 대표 이미지를 통일해서 깔끔한 이미지를 보여주고 싶을 땐 '이미지 강조'로 설정하는 것이 좋다.

▲ 프롤로그 '포스트 강조'

▲ 프롤로그 '이미지 강조'

'포스트 강조'와 '이미지 강조'에서 반드시 설정해야 하는 것이 있다. 바로 각 목록별 '카테고리/메뉴선택'에서 노출시켜야 할 카테고리 지정이다. 이를 설정하지 않으면 전체 카테고리에서 최신 순서대로 글이 표시되기 때문에 프롤로그를 설정하는 의미가 없다. 반드시 카테고리를 지정하도록 하자.

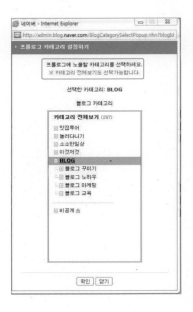

프롤로그를 대표메뉴로 설정하기

블로그의 대표메뉴는 '블로그'로 기본 지정되어 있으므로 블로그에 방문했을 때 최신 글이 표시된다. 하지만 대표메뉴를 프롤로그로 설정하면 사람들이 내 블로그에 들어 왔을 때 미리 설정한 포스트 목록이 표시되어 블로그의 전문성을 제대로 보여줄 수 있다.

상단메뉴 설정

내 블로그 상단에 메뉴를 구성할 수 있으며, 최대 6개의 메뉴와 카테고리의 배치가 가능합니다.
프롤로그, 블로그, [선택한 카테고리], 지도, 서재, 소셜앱스, 메모, 태그 순으로 배치됩니다.

메뉴사용 관리

메뉴명	사용	대표메뉴	설명	관리
프롤로그	☑	◉	원하는 포스트 목록으로 꾸밀 수 있는 대문입니다.	프롤로그 관리 ›
블로그	필수	○	기록하고 공유하는 기본메뉴입니다.	카테고리 관리 ›
지도	☐	○	위치정보가 첨부된 포스트를 지도 위에 보여줍니다.	
서재	☐	○	글감이 첨부된 포스트를 서재안에 보여줍니다.	
소셜앱스	☐		내 앱목록을 보고 앱을 실행할 수 있습니다.	앱 관리 ›
메모	☐	○	자료보관 및 함께 글쓰기 가능한 게시판입니다.	메모게시판 관리 ›
태그	☐		포스트를 쓰면서 작성한 태그만 모아 볼 수 있습니다.	태그 관리 ›

▲ 프롤로그 대표메뉴 설정

▲ 프롤로그를 대표메뉴로 설정한 화면

프롤로그에서는 내가 블로그에서 다루는 큰 주제들을 보여주면 되는데, 최대 3개의 주제까지 설정할 수 있다. 가장 위쪽에는 강사나 전문가라면 내가 하는 일이나 공지사항이, 음식점이라면 메뉴 등 메인 콘텐츠가 들어가는 것이 좋다. 두 번째에는 타깃에 맞는 콘텐츠가 들어가는 것이 좋다. 내가 잡고 있는 타깃이 외모에 관심 있는 10~20대 여성이라면 그에 맞는 정보성 콘텐츠들을 보여주면 된다. 마지막으로 세 번째에는 이벤트나 후기 등을 모아놓은 콘텐츠 등을 배치하여 블로그에 접속하는 사람들이 쉽게 홍보하는 제품에 대한 후기나 참여율을 높이도록 한다. 일반적인 블로그를 운영한다면 프롤로그에서 한눈에 사진 등이 보이기 때문에 시각적으로 반응을 보일 만한 주제들을 프롤로그로 설정하는 것이 좋다.

: 블로그 위젯으로 광고효과 높이기 :

위젯은 특정 배너로, 블로그 상단이나 하단에 이미지를 삽입하여 웹사이트나 카테고리, 특정 게시물로 바로 이동할 수 있도록 링크를 걸어주는 것을 말한다. 내가 운영하는 사이트나 카페로 사람들을 유입하고자 하는 경우나 홈페이지형 블로그를 운영하는 경우에는 직접 위젯들을 만들어 많이 사용하고 있다.

위젯의 유형

블로그에 등록해 놓은 이미지를 클릭하면 지정해 놓은 카페나 사이트 등 외부 링크로 이동할 수 있다.

◀ 외부 링크로 이동 가능한 위젯

블로그 내의 특정 카테고리로 이동할 수 있도록 위젯을 만들 수도 있다. 다음 이미지의 스킨 하단에 '끌리메 이야기' 텍스트를 클릭하면 블로그 내의 '끌리메 이야기' 카테고리로 이동할 수 있다. 텍스트를 이미지화하여 위젯을 만든 것이다.

▲ 블로그 내 카테고리로 이동 가능한 위젯

또 다양한 채널의 SNS 등을 활용하는 경우엔 클릭하면 홈페이지나 페이스북, 유튜브 등으로 이동할 수 있도록 위젯을 활용해서 다양한 SNS를 연결하는 방향으로 활용하는 경우도 많다.

▲ SNS로 이동 가능한 위젯

위젯 설치하기

그럼 지금부터 블로그에 위젯을 설치하는 방법을 알아보자. 블로그 위젯을 만들기 전에 위젯으로 활용할 이미지를 먼저 준비한다. 위젯의 크기는 최대 가로 170px, 세로 600px 까지 가능하다.

블로그의 포스트 쓰기를 클릭하고, 상단 메뉴에서 '사진'을 클릭하여 위젯으로 사용할
이미지를 불러온다.

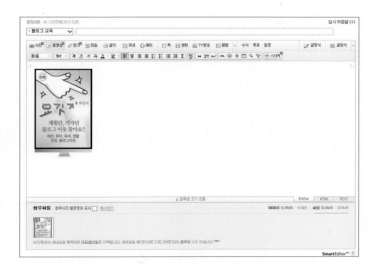

위젯 이미지를 클릭하면 이동할 사이트의 주소를 복사한다. 여기에서는 '요깃지' 카페로
이동할 수 있는 위젯을 만들어 볼 것이다.

다시 포스트 글쓰기 창으로 돌아와 삽입된 이미지를 클릭한 후 상단 메뉴에서 'URL' 메뉴를 클릭한다. 입력 영역에 방금 전에 복사한 사이트 주소를 붙여넣기한다.

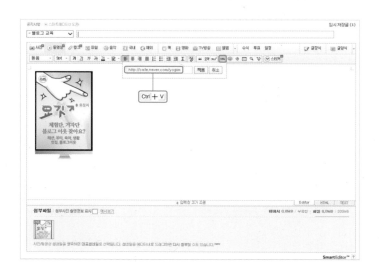

링크가 연결되면 다음과 같이 해당 이미지에 테두리가 생긴다.

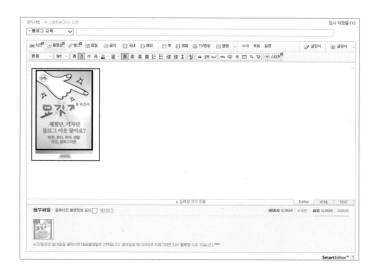

오른쪽 하단의 [HTML] 탭을 클릭하여 표시되는 HTML 주소를 블록으로 지정하여 복사한 후 하단의 '작성 취소' 버튼을 클릭하여 글쓰기를 취소한다.

[관리] 메뉴의 '레이아웃·위젯 설정'을 클릭하고 오른쪽 하단의 [위젯 직접등록] 버튼을 클릭한다. [위젯 직접등록] 창이 나타나면 '위젯코드입력'란에 좀 전에 복사했던 HTML 소스코드를 붙여넣기한다. 위젯명은 기억하기 쉽고 알아보기 쉬운 것으로 지정하면 된다.

[다음] 버튼을 클릭하면 설정한 위젯이 미리보기로 표시된다. 이미지에 이상이 없다면 [등록] 버튼을 클릭한다.

위젯을 등록하면 왼쪽 레이아웃 화면의 하단에 '위젯만들기연습' 위젯이 생성된다. 마우스로 클릭&드래그하여 위젯의 위치를 옮길 수 있고, 오른쪽 상단의 'ⓧ' 모양을 클릭하면 위젯을 삭제할 수 있다.

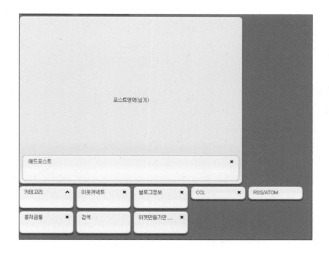

[위젯직접등록] 버튼 바로 위에 내가 만들어놓은 위젯 목록들이 표시되는데, 레이아웃 화면에서 삭제된 위젯은 박스 안에 체크하면 위젯을 다시 삽입할 수 있다.

블로그 위젯을 만들 때 내 블로그의 특정 카테고리로 이동하고자 할 경우에는 URL 주소를 설정하는 방법이 다르다. 이동할 블로그 카테고리 이름에 마우스를 놓고 오른쪽 버튼을 눌러 [속성] 메뉴를 클릭한다.

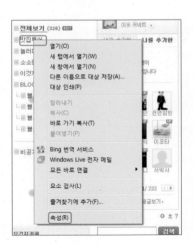

[속성] 창의 주소 부분을 드래그하여 복사한 후 URL 입력란에 붙여넣기하면 된다.

∶ 홈페이지형 블로그 만들기 ∶

최근에는 대기업이나 중소기업의 브랜드들이 마케팅 수단으로 블로그를 운영하는 경우가 많아졌다. 이런 곳들은 기본 제공되는 블로그 형태가 아닌 홈페이지형 블로그를 많이 사용하고 있다. 홈페이지형 블로그는 말 그대로 블로그를 홈페이지처럼 만드는 것으로, 홈페이지와는 다르게 소비자들과 실시간으로 소통할 수 있고 콘텐츠를 지속적으로 올릴 수 있는 장점이 있어 많은 곳에서 블로그를 홈페이지처럼 사용하고 있다.

▶ 홈페이지형 블로그

블로그 스킨 및 타이틀 설정하기

홈페이지형 블로그는 직접 디자인한 스킨이나 타이틀을 삽입해야 한다. '이기용강사' 블로그처럼 상단만 들어가는 경우는 타이틀을 바꿔주면 되지만, 앞의 '치킨먹고싶다' 블로그처럼 블로그 상단 전체에 스킨을 넣어야 하는 경우엔 스킨을 바꿔줘야 한다.

블로그에서 오른쪽 상단의 '내 메뉴>리모콘'을 클릭하면 스킨과 타이틀 등 디자인 요소들을 설정하거나 변경할 수 있다. 내가 만든 것으로 스킨을 설정하고 싶다면 '스킨 배경>직접등록'을 이용하면 된다. 첨부하는 이미지의 용량은 500kb 미만이어야 하고, jpg, gif 확장자만 등록할 수 있다. 스킨은 그대로 두고 타이틀만 내가 만든 디자인으로 변경하고 싶다면 '타이틀>직접등록'을 이용하면 된다. 타이틀 이미지는 가로 966px, 세로 50~300px의 500kb 미만, jpg, gif 확장자만 등록할 수 있다.

▲ 스킨 직접등록

▲ 타이틀 직접등록

블로그 기본 정보 설정하기

- 최적화를 위해 1일 1포스팅하기
- 블로그 프로필 설정하기

항목	내용
제목	
별명	
소개글	

- 자신에게 맞는 대표 사진 이미지 만들기
- 블로그 카테고리 3개 이상 만들기(주제에 맞는 카테고리 설정)

카테고리 이름	카테고리에 포스팅할 내용
	• • • •
	• • • •
	• • • •

- 상단 메뉴에 가장 핵심이 되는 메뉴 추가하기

04 / WEEKS

최적화의 지름길, 소통하는
블로그 만들기

현재 네이버에는 약 1,000만 개의 블로그가 활성화되어 있다. 우리나라 인구 5명 중 1명은 블로그를 운영하고 있다는 얘기다. 이 많은 블로그 중에서 자신의 블로그가 최적화되어 노출이 잘 이루어지기 위해서는 어떻게 해야 할까? 가장 기본은 바로 '소통'이다. 블로그 이웃들과의 꾸준한 소통은 최적화를 위한 블로그 지수를 올리고, 잠재고객을 만들수 있는 1석 2조의 효과를 거둘 수 있다.

: 블로그 이웃 맺기 :

블로그에 무작정 글만 많이 쓴다고 해서 사람들이 이웃을 맺고 댓글을 달아주는 것은 아니다. 특정 정보를 얻기 위해 검색 후 방문하는 경우 대부분은 정보만 얻어 갈 뿐 댓글이나 공감을 남기지는 않는다. 댓글이나 공감을 남겨주는 사람들은 거의 대부분 이웃이다. 따라서 블로그 지수를 높이기 위해서는 먼저 소통이 원활하게 이루어질 수 있도록 이웃을 많이 만들어야 한다. 그렇다면 블로그 이웃은 누구와 맺는 것이 좋으며, 어떤 방법으로 맺을 수 있을까?

블로그 이웃, 누구와 맺어야 할까?

주변 친구와 블로그 이웃을 맺는 것은 초기 블로그 활성화에는 어느 정도 도움이 될 수 있을지 모르지만 친구가 블로그를 활발하게 운영하는 경우가 아니라면 나와 꾸준하게 소통하고 댓글이나 공감을 달아주기는 쉽지 않다. 그렇다면 블로그 최적화와 활성화에 도움이 되는 블로그 이웃은 어디서 찾아야 할까?

● 비슷한 주제를 다루고 있는 블로거

만약 자신이 캔들을 주 콘텐츠로 다룬다고 하면 네이버에서 '캔들'을 검색하여 관련 주제를 다루는 블로거에게 이웃 신청을 하는 것이다. 자신과 비슷한 주제를 다루기 때문에 공통의 관심사로 더 쉽게 소통할 수 있고, 같은 주제의 콘텐츠를 어떻게 게시하고 활용하는지도 배울 수 있어 유용하다.

같은 주제를 다루고 있는 블로그라 하더라도 댓글과 공감이 많이 달리고 있거나 답글을 활발하게 달아주고 있는 블로거에게 이웃 신청을 하는 것이 좋다. 댓글이 많이 달린다는 것은 해당 블로그가 다른 블로그 이웃과 활발한 소통을 하고 있다는 증거가 되고, 답글이 달리고 있는 것 또한 소통을 하고 있는 블로거라는 것을 알려주기 때문이다. 간혹 상위에 노출이 되고 있지만 댓글이나 답글이 없는 블로그를 볼 수 있는데, 이런 경우 보통 소통에 관심이 없는 블로거가 운영하는 블로그이기 때문에 굳이 이웃을 맺지 않아도 되며, 이웃 신청을 하더라도 받아주지 않는 경우가 많다.

▲ 관련 주제 검색 후 블로그 확인

◉ 블로그를 운영하는 사람들이 활동하는 커뮤니티 카페

일반적으로 블로그가 이미 활성화된 블로거는 이웃 신청을 잘 받아주지 않는 경우가 많다. 이럴 때에는 블로그를 운영하는 사람들이 모인 카페를 이용하면 된다. 단시간에 블로그 이웃을 늘리고자 하는 사람들에게 가장 추천하는 방법이다. 블로그 커뮤니티 대표 카페인 '요깃지(http://cafe.naver.com/yogim)' 를 추천한다.

▲ 블로그 운영자 모임 카페

필자가 운영하고 있는 이 카페는 회원 대부분이 블로그를 운영하고 있기 때문에 이웃 늘리기, 체험단 활동 등 다양한 분야에서 유용하게 활용할 수 있다. 특히 '블로그이웃구하기' 카테고리를 통해 블로그 이웃을 구한다는 글을 올리거나 글을 올린 사람들에게 이웃 신청을 할 수 있어 블로그 최적화에 도움을 받을 수 있다.

쉽지 않은 서로이웃 맺기 노하우

블로그 이웃에는 '이웃'과 '서로이웃'이 있다. 쉽게 말해 이웃은 내가 상대방의 팬이 되는 것이고, 서로이웃은 서로의 팬이 되는 것이다. 블로그를 운영하는 사람에게 '너 내 팬해!'라고 할 수 없으니 서로 팬을 해주자는 의미로 서로이웃을 맺는 것이다. 따라서 내 블로그 최적화에 도움이 되는 이웃을 늘리고자 한다면 이웃이 아닌 서로이웃을 맺어야 한다.

지금부터 이웃 맺는 방법을 알아보도록 하자.

이웃을 맺고자 하는 블로그에 방문하여 프로필 영역에서 [이웃추가]를 클릭한다. 이웃추가를 누르면 다음과 같이 '이웃, 서로이웃'을 선택할 수 있는 팝업창이 나타난다.

- **이웃** : 관심 블로그를 '즐겨찾기'로 설정해 놓는다고 생각하면 된다. 해당 블로그에 유용한 정보와 이야기들이 업데이트되는 대로 알림을 받아볼 수 있다.
- **서로이웃** : 신청 시 상대방의 동의 절차를 통해 맺어지는 관계로, 서로의 블로그에 글이 업데이트되면 알림을 받아볼 수 있다.

서로이웃 신청을 할 때 작성하는 신청 메시지도 신경 써야 한다. 기본 제공되는 '우리 서로이웃해요~'라는 메시지 그대로 수정 없이 신청 메시지를 보내면 성의가 없다고 생각하고 서로이웃을 받아주지 않는 경우가 많다. 따라서 서로이웃 신청 메시지는 직접 작성하되, 메시지에는 간단한 자기소개와 어떤 주제로 블로그를 운영하고 있는지 등을 적어 전송하는 것이 좋다.

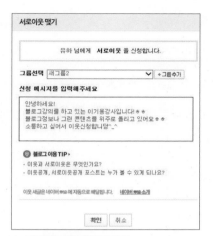

▲ 서로이웃 신청 메시지 예시

이기용의
× 한 마디!

서로이웃 맺기에 관한 유용한 팁

서로이웃은 많을수록 좋다. 광고글을 많이 올리는 블로그나 이미 많은 이웃을 가지고 있다고 해서 이웃 신청을 피할 필요는 없다. 내가 추가할 수 있는 이웃은 5,000명으로 굉장히 넉넉하기 때문에 될 수 있으면 서로이웃은 많이 추가하는 것이 좋다. 다만, 아래처럼 스팸성으로 이웃 신청하는 경우에는 이웃을 맺지 않는 것이 좋다. 이런 경우에는 거절을 누르고 해당 아이디도 차단하는 것이 좋다.

: 이웃 맺기보다 중요한 '소통' :

블로그 이웃이 많이 늘어났다면 이제 블로그 이웃들과 꾸준히 활발하게 소통을 해야 한다. 앞서 말한 것처럼 소통하는 블로그가 성공할 수 있기 때문이다. 블로그에서 소통이란 바로 '댓글'과 '공감'을 의미한다. 이웃이 올린 글을 꼼꼼히 읽고 그에 맞는 댓글을 달아주고 공감 버튼을 눌러 주는 행위를 통해 소통하면 된다.

▲ 상품에 관심 있는 댓글과 공감

자신이 남긴 댓글을 블로그 주인과 자신만 볼 수 있도록 하려면 댓글 입력화면 오른쪽에 '주인만 보기'를 선택한 후 글을 작성하면 된다.

만약 댓글을 쓸 시간이 없다면 하트 모양을 클릭하여 해당 게시글에 공감을 해주는 것으로라도 소통을 하는 것이 좋다. 공감은 숫자 옆의 빈 하트를 클릭하면 빨간색의 꽉 찬 하트로 변경되는 것으로 확인할 수 있다.

▲ 공감 전　　　　　　　　　　　　▲ 공감 후

블로그 소통 노하우

블로그는 '소통'이 무엇보다 중요하다. 소통하는 방법은 어렵지 않다. 이웃이 올린 글을 읽고 댓글이나 공감을 남기면 된다. 블로그는 다양한 계층의 사람들이 사용하고 있으며, 그 사람들이 모두 블로그 이웃이 될 수 있기 때문이다. 이 이웃들은 잠재적인 고객이 될 수 있으므로 '소통'에 신경을 써야 한다. 예를 들어 내가 변호사라고 가정할 때, 이웃 중한 명이 변호사가 필요한 일이 생겼다고 해 보자. 무작정 비용이 많이 드는 변호사 사무실을 찾아가기보다는 얼굴을 본 적은 없지만 댓글로 소통을 해 본 변호사에게 문의하는 것이 쉬울 것이다. 간단하게 상담을 해주고 나면 이 이웃은 잠재적인 고객이 되고 향후 입소문을 내 주는 중요한 역할을 하게 될 것이다. 또, 블로그 마켓을 운영하는 블로그 이웃이라면 처음에는 단순히 소통을 위해 블로그를 방문하다 옷이 예쁘면 구매를 할 수도 있게 된다.

▲ 비밀 댓글로 가격 및 상품 문의

▲ 비밀 댓글로 운전면허 문의

댓글 vs. 공감

이웃과의 소통에서 공감과 댓글 중 어떤 것이 더 중요할까? 공감은 누가 누르고 갔는지는 잘 확인하지 않지만, 댓글이 달리면 확인하고 답글을 달아주게 되므로, 공감보다는 댓글이 더 중요하다고 할 수 있다. 블로그 포스팅을 읽고 정성스레 댓글을 달 시간이 된다면 댓글과 공감을 모두 남기는 것이 가장 좋다. 다만, 시간적인 여유가 없어 성의 있는 댓글을 남길 수 없다거나 콘텐츠와 관련 없는 댓글을 남길 것이라면 차라리 공감만 누르는 것이 낫다.

이처럼 소통은 단순히 블로그 지수를 높이기 위함만이 아니라 잠재고객 확보에도 큰 역할을 하므로 단순히 복사 후 붙여넣기 식의 비슷한 내용의 댓글을 다는 것은 지양해야한다. 블로그 이웃도 사람인데 정성들여 쓴 글에 성의 없는 댓글이 달리면 당연히 기분이 좋지 않을 것이다. 예를 들어, 맛이 없고 직원이 불친절한 음식점을 다녀온 후 남긴후기에서 다시는 안 갈 것이라고 몇 번이나 반복해 써 놓았는데, 누군가가 음식점을 다녀왔다는 제목만 흘깃 보고 '맛있겠네요', '저도 먹고 싶네요'라는 댓글을 달았다면 기분이 어떻겠는가? 해당 블로거는 이 이웃이 자신의 글을 제대로 읽지 않고 성의 없이 댓글을 달았다고 생각하게 되어 자연스럽게 왕래가 줄어들 것이다. 또, 어떤 옷을 구매했는데 마음에 들지 않아 불평을 적어놓은 후기에 누군가가 옷을 샀다는 제목만 보고 '예쁘네요', '저도 사고 싶네요'라는 댓글을 달면 기분이 어떻겠는가?

dajo815 2016.07.25, 14:56
글 잘 보고 갑니다.
월요일 부터 날씨가 너무 덥네요
한주 시작 잘하세요~

향이맘 2014.06.11, 02:42
아웅이님 안녕하세요.^^
이웃 방문차 들렀어요~~
오늘도 행복한 하루 되시구요~!

카이로스FC 2016.10.03, 20:45
잇님! 글 잘봤습니다~!!
연휴가 또 끝이났네요..
내일 일상으로 돌아가야한다는..
하지만 힘내서 기분좋은 출발하시길 바랍니다^^

봄날은간다 2014.07.21, 13:58
♧아웅이님 잘읽고 갑니다 더운날씨에 몸조심

▲ 성의 없는 댓글 예시

최근 상업적인 목적으로 블로그를 운영하는 사람들이 많아졌다고 하지만 여전히 블로그를 운영하는 대부분의 사람들은 일반인이다. 저품질에 걸려 블로그가 노출이 잘 되지 않더라도 블로그 이웃들은 내 매출을 올려주거나 내 콘텐츠를 소비하는 사람들인데 그런 사람들을 내가 내 발로 차는 격이 될 수 있으므로 주의해야 한다.

다음은 필자가 어머님께 명품가방을 선물했던 글을 포스팅했더니 달렸던 댓글들이다. 사람들이 어머님께 명품가방을 선물해드렸다고 하니까 효자라는 댓글이 계속 달리다가 뒤에 이상한 댓글이 보인다. '효녀?' 글을 읽지 않고 그냥 가방이니까 딸이 선물한 것이라 생각하고 효녀라고 댓글을 달고 나간 것이다. 그리고 그 이후부터의 댓글에서 필자는 효녀가 된다. 바로 윗사람 댓글만 보고 그대로 써넣고 나간 것이다. 이처럼 글을 전혀 읽지 않고 댓글을 다는 경우엔 성별조차 마음대로 바꿀 수 있는 것이다. 이런 댓글은 자신의 신뢰도를 떨어뜨리는 데 큰 역할을 한다.

잇츠중고차 2013.11.28, 09:05
와우~ 어머니 좋아하셨겠네요!ㅎ 가방이 넘 이쁜거같아요

 렉서스NO1 딜러김종범 2013.11.28, 09:06
효도 제대로 하셨네요 저는 아직 못했는데ㅜㅜ
부럽습니다

 레이리나 2013.11.28, 09:06
예뿌당......효자구낭ㅋㅋㅋㅋㅋㅋ

비밀 댓글입니다. 2013.11.28, 09:10

 빨간앵초 2013.11.28, 09:11
정말 효자시네요 ㅎㅎ 샤넬백이라니 ㅎㅎ
어머니가 정말 좋아하셨어요~

 리아 2013.11.28, 09:14
오아 400 흐덜덜해요 ㅋ ㅋ 부럽네요 ^^ 어머님좋아하시겠어용

 로로 2013.11.28, 09:17
진짜 효도제대로하시는데요???ㅋㅋㅋ

 애슬리윤 2013.11.28, 09:30
우와 진짜 효녀시네요~ 샤넬백 넘 이뻐요:D

 히히헤헤호호 2013.11.28, 09:30
오위!^^*
어머니 너무 좋아하셨겠어요~!!!흫흫흫

 고은빛 2013.11.28, 09:32
아주 심플하고 깔끔한 기본 디자인
고급스러 보여요~~~^^

 모자 2013.11.28, 09:34
효녀당!

▲ 콘텐츠를 읽지 않고 쓴 댓글

또, 활발한 소통은 콘텐츠가 상위 노출되는 데 많은 도움이 된다. 이 콘텐츠가 좋은 콘텐츠인지 구분할 수 있는 기준 중 하나가 댓글이나 공감, 조회 수가 얼마나 높은지 여부다. 사람들은 댓글, 공감, 조회 수가 높은 콘텐츠를 유용한 정보라고 인식하기 때문이다. 유용한 정보라고 인식하게 되면 자연스럽게 많은 사람들이 찾아와 상위 노출될 확률이 높아지게 된다.

이처럼 이웃과의 소통이 활발하게 이루어진다면 내 블로그가 저품질로 분류되더라도 블로그 지수를 올려 저품질에서 벗어나는 계기가 되기도 하고, 저품질에 의해 통합 검색에 노출이 되지 않는다 하더라도 이웃들에게는 내 콘텐츠가 꾸준하게 노출되기 때문에 크게 걱정을 하지 않아도 된다.

: 내 블로그 지수를 책임질 이웃 관리 :

블로그 이웃이 늘어나면 그들은 자신의 블로그 지수를 올리기 위해 내 블로그에 방문하여 댓글과 공감 등을 남기게 된다. 이 이웃의 행동에 발맞춰 나도 이웃 블로그에 방문하여 소통을 해주어야 한다. 이러한 소통이 원활하게 이루어지지 않는다면 이웃들은 자연스럽게 발길을 끊게 된다. 따라서 초반에 이웃 관리를 할 때에는 내 블로그에 댓글이나 공감을 다는 이웃들 위주로 소통을 하는 것이 좋다. 내 블로그에 댓글이나 공감을 다는 블로거들은 소통을 하기 위해 방문하여 글을 남기기 때문이다.

글 하나에 이웃 한 명이 여러 번 방문하게 할 수도 있다. 이웃이 단 댓글에 답글을 달아주는 것이다. 답글을 달 때 종결형이 아닌 의문형으로 끝내면 재방문율을 높일 수 있다. 예를 들어, 맛집 콘텐츠에 댓글이 '우와 여기 진짜 맛있겠네요!'라고 달렸다고 가정하자. 이 댓글에 답글로 '네 맛있었어요!!'라고 하게 되면 대화가 여기에서 끊기게 되어 더 이상 소통이 이루어지지 않지만, 의문형으로 '앗 ○○님도 파스타 좋아하세요?'라고 답글을 달면 그에 대한 답을 해주기 위해 해당 블로거는 내 블로그에 다시 방문하여 소통을 이어갈 수 있게 되는 것이다. 이처럼 대화를 이어가는 방향으로 소통하는 것이 좋다.

은위 2013.06.21. 00:43 　　　　　　　　　　　　　　　　　　　　　　　답글 | 삭제 | 신고
ㅠㅠ 넘 맛있었음..ㅠㅠ

맛있는게 좋은가봉가 2013.06.21. 03:08 　　　　　　　　　　　　　답글 | 수정 | 삭제
그효그효?＊＊ 완전맛있어요!＊＊＊

은위 2013.06.21. 07:53 　　　　　　　　　　　　　　　　　　　　　　　답글 | 삭제 | 신고
맛있는게 좋은가봉가 업...맛집 포스팅 고문이야..고문!!ㅠㅠ

맛있는게 좋은가봉가 2013.06.21. 10:22 　　　　　　　　　　　　　답글 | 수정 | 삭제
은위 헤헷＊＊ 완전 맛있는거만 드시라는 의미에서＊＊ 열심히 올리겠습니당＊＊＊

은위 2013.06.21. 13:05 　　　　　　　　　　　　　　　　　　　　　　　답글 | 삭제 | 신고
맛있는게 좋은가봉가 너무해용...ㅜㅠ ㅋㅋ

맛있는게 좋은가봉가 2013.06.21. 13:24 　　　　　　　　　　　　　답글 | 수정 | 삭제
은위 헤헷＊＊ 점심은 맛있눈거 드셨어용???＊

은위 2013.06.21. 13:37 　　　　　　　　　　　　　　　　　　　　　　　답글 | 삭제 | 신고
맛있는게 좋은가봉가 학교급식을 허겁지겁 먹구...영화 보러왔어요^^

맛있는게 좋은가봉가 2013.06.21. 16:32 　　　　　　　　　　　　　답글 | 수정 | 삭제
은위 우앗 풍겼네용＊＊＊ 저두저두 영화...ㅋㅋ

은위 2013.06.21. 16:33 　　　　　　　　　　　　　　　　　　　　　　　답글 | 삭제 | 신고
맛있는게 좋은가봉가 엄!!..이번달 영화 마니 본다...
은위도 보고...팬오브 스틸도 보구...
둘다 후회 없는 선택^^ 넘두 보세요^^
오늘 포스팅 팔꺼니깜~~

맛있는게 좋은가봉가 2013.06.21. 16:39 　　　　　　　　　　　　　답글 | 수정 | 삭제
은위 넵＊＊ 포스팅기대하겠습니다^-^

▲ 이웃의 재방문율을 높이는 답글 작성

| 4주 차 과제 | 서로이웃 신청하고 댓글과 공감으로 소통하기

■ 1일 1포스팅하기
■ 일주일간 50명에게 블로그 서로이웃 신청하기
  (이웃은 많으면 많을수록 좋다! 이웃 신청보다는 서로이웃 신청 위주로 한다.)
■ 이웃 20명에게 방문하여 댓글, 공감 달아주기
■ 내 블로그 댓글에 답글 달아주기

일 차	주제	내용	댓글 수와 공감 수
1일 차			
2일 차			
3일 차			
4일 차			
5일 차			
6일 차			
7일 차			

05 WEEKS

방문자 수를 책임질
양질의 포스팅하기

++
BLOG
MARKETING

한 달 이상을 포스팅하고 이웃관리를 했다면 이제 글을 작성하는 데 주제를 찾기 힘들어질 시기이다. 최적화가 되기 전까지는 키워드를 많이 사용하지 않는 것이 좋지만 이웃들이 방문할 만한 내용을 써주는 것도 좋다. 5주 차에서는 주제를 찾는 방법과 좋은 글을 쓰는 방법에 대해 알아보자.

: 빅데이터 활용하여 관련 키워드 선정하기 :

요즘은 노출의 시대가 아닌 콘텐츠의 시대이다. 1페이지에 노출되면 무조건 매출이 오르던 시대는 지났다. 2페이지, 3페이지, 4페이지에 글이 노출되더라도 콘텐츠만 좋으면 충분히 매출을 올릴 수 있다. 따라서 사람들이 보고 싶어 하는 글을 쓰는 것이 중요하다.

그렇다면 어떻게 글을 써야 사람들의 방문을 유도할 수 있을까?

블로그 글을 작성할 때 키워드 선정은 무엇보다 중요하다. 어떤 키워드를 사용하느냐에 따라 노출 빈도수가 달라질 수 있기 때문에 사람들이 어떤 정보를 궁금해 하고, 어떤 키워드로 검색을 하는지 알아두는 것이 좋다. 상위 노출을 위한 키워드 외에 관심자들의 방문을 유도할 수 있는 글을 함께 올려 방문자를 늘리는 것도 중요하다. 이왕이면 자신의 핵심 노출 키워드와 연관된 키워드를 찾아 올리는 것이 가장 좋다. 아직 연관된 콘텐츠가 생각나지 않는다면 미리 연습을 하거나 또는 콘텐츠를 쌓고 그 반응을 확인하는 것도 중요하니 지금부터 설명하는 내용들을 참고하여 몇 개의 콘텐츠를 올려보고 이웃들의 댓글이 어떻게 달리는지 살펴보자.

사람들의 관심사에 대해 알아보기 위해서는 빅데이터를 활용하는 것이 좋다. 빅데이터 정보를 제공하는 사이트인 '소셜메트릭스 인사이트(http://insight.some.co.kr/campaign.html)'를 활용해 보자.

소셜메트릭스 인사이트는 인터넷과 SNS에서 모은 빅데이터를 활용하여 여론을 분석하는 사이트로, 특정 키워드를 검색하면 관련 단어들이 함께 표시된다. 여기에 표시된 단어들을 제목이나 본문에 적절하게 활용하면 블로그 지수가 높아져 최적화에 도움이 된다.

이제 자료를 활용해 콘텐츠를 작성하는 방법을 알아보자. 예를 들어 '아이라이너'를 광고하기 위해서 블로그 포스팅을 하려고 한다면 아이라이너에 관한 연관어 중에서 '심리'를 봐야 한다. '심리'는 특정 단어에 대해 사람들이 느끼는 감정들을 알 수 있어 키워드를 만들어내기 쉽다. '아이라이너' 키워드에 대한 심리 연관어로는 '브라운/좋다/번지다/블랙/핑크/유명하다/갈색/추천하다/유명하다/좋은/부드럽다'가 표시된다.

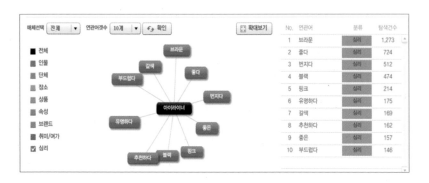

이기용의
×
한 마 디 !

소셜매트릭스 연관 검색어

연관어 중 '인물, 단체, 장소, 상품, 속성, 브랜드, 취미/여가'를 선택하면 다음과 같은 검색 결과가 표시된다. '장소'에서는 요즘 아이라이너를 구입하는 곳이나 주로 사용하는 장소를 체크할 수 있고, '상품'은 아이라이너를 사용할 때 어떤 상품들과 함께 사용하는지 알 수 있어 묶음 판매 등의 마케팅 기획을 할 때 도움이 된다. '단체'나 '브랜드'는 현재 사람들이 많이 검색하는 아이라이너 브랜드 등을 알 수 있기 때문에 해당 브랜드에서 어떻게 마케팅을 하고 있는지 확인하고 벤치마킹할 수 있어 도움이 된다.

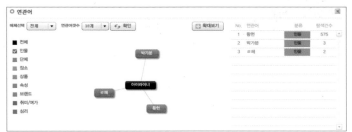

◀ 인물

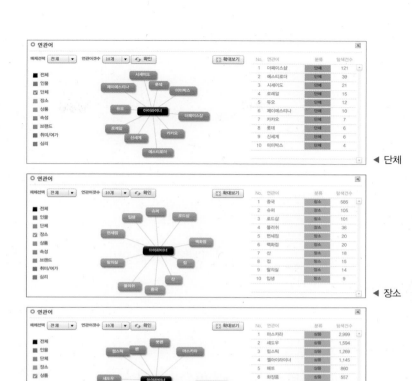

◀ 단체

◀ 장소

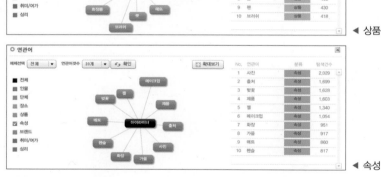

◀ 상품

◀ 속성

◀ 브랜드

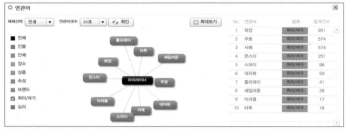

◀ 취미/여가

검색된 연관어들을 사용하여 문장을 만들어 보면 다음과 같다. 이런 문장들이 들어가면 글을 읽는 사람들이 더 빠르게 빠져들게 될 것이다.

- 아이라이너가 번지지 않고 눈화장 수정 없이 오랫동안 유지가 가능하다.
- 해외 브랜드 상품으로 이미 많은 연예인들이 사용해서 유명하다.
- 물이나 땀 등에도 강력한 워터프루프 기능이 있어서 좋고 발림성이 부드럽다.

빅데이터는 블로그 포스팅 제목을 만들 때에도 유용하게 활용할 수 있다. '종합소득세' 키워드에 관한 '심리' 연관어를 보면 '인정하다/부담/위법/필요하다/크다/인정받다/합리적/제외하다/부담있다/중요하다'가 있다. 이 중 '부담있다'와 '합리적'을 활용하여 '부담 있는 종합소득세 합리적으로 절세하는 방법은?'과 같이 제목을 만들어볼 수 있다. 사람들이 궁금해 검색해 보는 단어들을 활용하여 제목을 만들었기 때문에 다른 글보다 더 클릭률이 높아질 것이다.

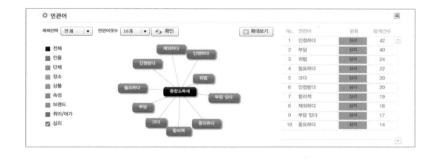

내가 만약 전통시장 정보에 대한 콘텐츠를 올리는 블로그를 운영한다고 가정해보자. '전통시장'을 검색해보면 연관어로 '여행/음식/가을여행' 등이 눈에 띄고 '심리' 연관어로는

'맛있는 음식/다양한/독특한/맛있는' 등이 눈에 띈다. 검색 결과를 토대로 콘셉트를 '전통시장 먹거리 투어'라고 잡고 관련된 콘텐츠들을 꾸준히 올리면 그 글들을 읽은 사람들은 전통시장을 찾을 때마다 내 블로그를 기억하고 방문하게 될 것이다.

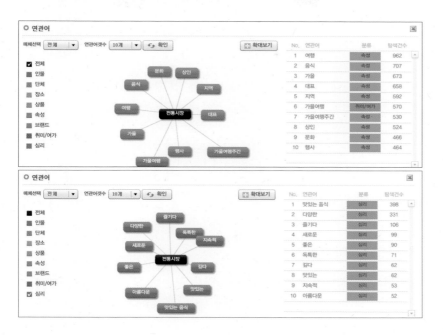

： 사람을 끌 수 있는 양질의 글쓰기 ：

블로그를 운영할 때 가장 중요한 것은 양질의 콘텐츠를 만드는 것이다. 네이버는 유용한 정보를 검색자들에게 제공해야 하기 때문에 양질의 콘텐츠를 만드는 사람의 블로그 글을 우선으로 상위 노출시켜준다. 양질의 콘텐츠를 만들어야 하는 또 다른 이유는 바로 구매전환율 때문이다. 요즘은 블로그에 광고글이 많다는 것을 알고 있기 때문에 상위에 노출된다고 해서 무조건 구매로 이어지지 않아 매출도 쉽게 상승하지 않는다. 구매전환율을 높이기 위해서는 사람들이 원하는 것을 확인하고 블로그 포스팅에서 알려 주는 것이 중요하다. 그렇다면 양질의 콘텐츠는 무엇을 말하는 것일까? 어떻게 해야 양질의 콘텐츠를 작성할 수 있는지 알아보자.

네이버가 말하는 좋은 문서

네이버에서 공개하고 있는 '네이버 검색이 생각하는 좋은 문서'에 대한 기준은 다음과 같다.

- 신뢰할 수 있는 정보를 기반으로 작성한 문서
- 물품이나 장소 등에 대해 본인이 직접 경험하여 작성한 문서
- 다른 문서를 복사하거나 짜깁기 하지 않고 독자적인 정보로서의 가치를 가진 문서
- 해당 주제에 대해 도움이 될 만한 충분한 길이의 정보와 분석 내용을 포함한 문서
- 읽는 사람이 북마크하고 싶고 친구에게 공유/추천하고 싶은 문서
- 네이버 랭킹 로직을 생각하며 작성한 것이 아닌 글을 읽는 사람을 생각하며 작성한 문서
- 글을 읽는 사용자가 쉽게 읽고 이해할 수 있게 작성한 문서

자료출처 http://naver_diary.blog.me/150153092733(네이버 검색이 생각하는 좋은 문서! 나쁜 문서?)

유사 콘텐츠 포스팅 벤치마킹하기

양질의 포스팅을 어떻게 해야 할지 모르겠다면 포스팅을 꾸준히 잘 하고 있는 다른 블로그를 보고 벤치마킹하는 것이 좋다. 블로그 포스팅을 벤치마킹할 때 가장 적절한 대상은 내가 다루고자 하는 주제와 관련된 주제를 다루는 블로그이다. 같은 주제를 다루는 블로그 중에서도 양질의 콘텐츠를 올리는 블로그를 찾아 벤치마킹하는 것이다. '소이캔들'에 관련된 주제로 블로그를 운영하려고 한다고 가정해 보자.

벤치마킹 블로그를 찾기 위해 네이버 검색창에 '소이캔들'을 입력했을 때 자동완성으로 만들어진 키워드인 '소이캔들만들기'를 검색한다. '소이캔들만들기' 키워드로 작성된 블로그 글이 표시되면 블로그들을 하나씩 방문하여 콘텐츠들을 둘러보자.

▲ '소이캔들만들기'로 검색한 결과

검색 결과 중 다음 두 블로그를 비교해보자. 두 개의 블로그 포스팅 모두 소이캔들과 관련한 첫 도입 부분은 재료사진과 재료에 대한 글이 쓰여 있다.

▲ ①번 포스팅

▲ ②번 포스팅

❶ 사진 : 블로그는 가독성이 중요하기 때문에 사진의 활용이 굉장히 중요하다. 똑같은 재료를 나열해 놓은 사진이라 하더라도 두 번째 블로그의 포스팅 사진이 더 눈길이 간다.

❷ 글 내용&어투 : 블로그를 보는 이유는 대부분 정보를 얻거나 간접 경험을 하기 위함이다. 때문에 블로그에서 사용하는 어투나 내용이 너무 딱딱하거나 어려우면 몰입도가 떨어져 블로그 체류시간이 짧아지게 된다. 체류시간을 늘리기 위해서는 두 번째 블로그처럼 대화체 형식으로 써 주는 것이 좋다.

❸ 블로그 포스팅 제목 : 비슷한 내용의 글이 똑같이 상위에 노출된다고 하면 사람들은 그중 제목을 보고 선택하므로 사람들이 클릭하고 싶도록 제목을 쓰는 것도 중요하다. 이번엔 '강남맛집'으로 검색한 결과를 보자. 다음 3개의 검색 결과 중 어떤 것을 클릭하고 싶은가? 상호명만 있는 세 번째 것보다는 어떤 음식들이 있는지 쉽게 알 수 있는 두 번째 글이 더 클릭을 유도하고, 또 단순하게 어떤 메뉴들이 있는지 알려주는 두 번째 글보다는 주관적인 표현으로 궁금하게 만드는 첫 번째 글이 더 끌리게 될 것이다.

▲ 검색 결과 포스팅 제목 차이

❹ **대표 이미지** : 대표 이미지의 선택도 중요하다. 다음 세 개의 글 중 어떤 글을 클릭하고 싶을까? 보통 첫 번째나 두 번째 글일 것이다. 맛집을 검색하는 경우 인테리어 사진보다는 음식 사진을 보고 클릭을 하게 되기 때문이다. 특히 모바일에서는 글자를 읽기 보다는 그림을 보고 클릭하는 경향이 많으므로 모바일이 주 마케팅 타깃이라고 전략을 세웠다면 대표 이미지를 더 신경 써야 한다.

▲ 검색 결과 대표 이미지 차이

： 좋은 콘텐츠가 블로그를 먹여 살린다 ：

앞서 내 블로그의 콘셉트를 정하고 카테고리를 만들었을 것이다. 지금까지는 일상 글 위주로 포스팅을 했다면 이제 제대로 된 콘텐츠를 가끔 올리는 것도 좋다. 신뢰도와 인기도를 반영하는 C-Rank 알고리즘은 특정 주제에 대해서 글을 많이 쓰면 전문성을 인정하여 다른 블로그에 비해 더 잘 노출된다. 상위 노출이 쉬운 최적화 블로그를 쉽게 만들기 위해서는 어떤 주제의 콘텐츠들을 주로 쓸 것인지 미리 방향성을 잡고 시작해야 한다.

방향을 잡았다면 다음으로 신경 써야 할 부분이 양질의 콘텐츠이다. 좋은 콘텐츠를 발행하면 사람들이 오랫동안 머무르기 때문에 체류시간이 길어져서 네이버가 유용한 콘텐츠라고 인식하고 더 오랫동안 노출시켜주고, 뒤에 노출되어 있다고 하더라도 더 정확한 콘텐츠라고 생각해서 앞 페이지에 노출시켜준다. 뿐만 아니라 좋은 콘텐츠는 개인이 소장하거나 다른 사람들과 공유하기 위해 스크랩을 하는 횟수가 늘어나고, 자연스럽게 댓글이나 공감이 늘기 때문에 블로그 지수는 자연스럽게 상승하게 된다. 이처럼 지속적으로 양질의 콘텐츠들을 발행하다보면 사람들은 해당 블로그는 좋은 콘텐츠를 발행하고 있다는 것을 인식하고 블로그가 저품질이 되더라도 양질의 콘텐츠를 보기 위해서 지속적으로 방문하게 된다. 그럼 양질의 콘텐츠는 어떻게 작성해야 할까?

구독자가 원하는 정보를 담은 콘텐츠를 작성한다

많은 이들이 블로그 마케팅을 하는 이유는 비교적 적은 비용으로 마케팅을 할 수 있고, 비용 대비 많은 효과를 볼 수 있기 때문이다. 블로그는 페이스북(facebook)이나 트위터(twitter) 같이 불특정 다수가 보는 것이 아니라 니즈(needs)가 발생한 사람이 직접 검색하여 방문하는 형식이므로 사람들이 원하는 정보, 필요한 정보를 담은 콘텐츠를 작성해야 한다.

메인이 될 콘텐츠를 선정한다

사람들이 블로그에 방문했을 때 '아! ○○ 분야의 전문 블로그구나!'라고 느껴야 내 블로그가 브랜딩이 된 것이다. '사진, 맛집, 패션, 와인, 운동, 셀프인테리어' 등 다양한 것을 좋아한다고 하여 모든 콘텐츠를 마구잡이로 올리면 단순 1회성 방문으로 끝나게 된다. 고정 방문자를 확보하고 나아가 자신의 이름이나 블로그 주소를 기억하여 방문할 수 있을 정도로 블로그 브랜딩을 하기 위해서는 자신이 가장 자신 있는 대표 콘텐츠를 선정하고 그에 맞게 카테고리를 구성해야 한다.

대표 콘텐츠는 내가 운영할 방향성에 맞는 것을 선정해야 한다. 내가 1인 창업에 관련된 주제로 블로그를 운영할 예정인데 맛집이 주를 이루면 안 된다. 카테고리 구성도 마찬가지이다. 사람들은 질이 높고 도움이 되는 콘텐츠라고 생각한다면 검색해서 들어온 글만 보고 나가는 것이 아니라 관련된 더 다양한 정보들을 보기 위해서 카테고리를 살펴볼 것이다. 따라서 다른 콘텐츠를 소비하게 하고 전문성을 보여주기 위해서는 메인 주제를 정하고 그 주제에 맞는 카테고리를 정리해 알림표식으로 제공하는 것이 좋다.

구체적인 타깃층을 정한다

자신의 블로그에 어떤 연령층과 어떤 성별의 사람들이 들어와야 도움이 되는지 생각해 보고 타깃을 설정한다. 만약, 뷰티 상품을 홍보한다면 20~30대 여성을 타깃으로 콘셉트를 잡고 관련된 콘텐츠를 작성해야 할 것이고, 남성을 위한 전자제품을 홍보한다면 30~40대 남성을 타깃으로 콘셉트를 잡고 콘텐츠를 작성해야 할 것이다.

예를 들어 콘택트렌즈 브랜드를 홍보하는 블로그를 운영한다고 가정했을 때, 타깃은 누구일까? 타깃층을 선정해 보자.

05 WEEKS

- 콘택트렌즈는 남성이 많이 사용할까? 여성이 많이 사용할까? → 여성
- 10~20대가 많이 사용할까? 40~50대가 많이 사용할까? → 10~20대
- 외모에 관심 있는 사람이 사용할까? 외모에 관심 없는 사람이 사용할까?
  → 외모에 관심 있는 사람

이와 같은 과정을 통해 콘택트렌즈의 타깃층은 '외모에 관심 있는 10~20대 여성'으로 정리할 수 있다. 이를 바탕으로 블로그의 디자인이나 색상도 주 타깃층이 선호하는 형태로 설정하고, 콘텐츠도 단순히 콘택트렌즈 관련 글만 쓰는 것이 아니라 해당 타깃의 관심사를 조사하여 포스팅하는 것이다.

예를 들어, 10대의 관심사 중 하나인 '10대 여드름 관리법'을 올리면 블로그에 방문하는 1,000명 중 300명은 콘택트렌즈 브랜드를 인지하고, 30명은 실제 구매로까지 이어질 가능성이 있다. 하지만 '예비군 훈련기간'을 게시한 후 1,000명의 사람들이 방문한다면 콘택트렌즈 구매는커녕 브랜드를 인지하는 사람도 거의 없을 것이다.

다른 사람과 차별화된 콘셉트로 승부한다

다른 사람과는 차별화된 콘셉트로 블로그를 운영해야 한다. 그럼 어떻게 차별화시켜야 할까? 단순하게 어투만으로도 차별화된 블로그를 만들 수 있다. 예를 들어, 자기소개서를 카운슬링해주는 블로그를 운영한다면 주 방문자는 취업준비생들이므로 무언가를 가

르치는 선생님이 아니라 '자소서를 도와주는 형, 누나'라는 느낌으로 글을 쓰는 것이 좋다. 동네 형, 누나처럼 편하게 물어볼 수 있고 툭툭 던지듯이 답변해주면서 질 좋은 콘텐츠를 가지고 운영한다면 차별화된 블로그가 될 수 있을 것이다.

사진만으로도 차별화가 가능하다. 음식은 시각적인 부분이 중요하기 때문에 어떻게 사진을 찍고, 어떤 방법으로 사진을 활용하는 지가 중요한다. 사진 한 장만 덩그러니 찍혀 있는 것보다 움직이는 사진인 '움짤' 등을 이용해서 찌개가 끓고 있는 것처럼 맛있게 보이도록 만든다면 다른 블로그와 차별화할 수 있다.

마지막으로 콘텐츠에도 차별화를 줄 수 있다. 부동산 블로그를 운영한다고 할 때, 매물에 대한 가격과 평수, 주변 시설에 대한 정보만 나열하기보다 '함께 집을 골라주는 언니'라는 콘셉트로 주관적인 의견을 제시하는 것이다. 예를 들어 '평수는 작지만 자투리 공간들은 어떤 형태의 수납공간으로 사용하면 좋을 것 같고', '남향으로 창이 나 있으니 침대를 두면 쾌적한 생활이 가능하다', '대형마트는 없지만 재래시장이 있어서 필요한 것들을 구입하는 데 좋으며', '가로등이나 CCTV가 잘 설치되어 있어서 밤늦게 다녀도 안전할 것 같다'처럼 방을 구하고자 하는 사람들이 공감할 수 있도록 콘텐츠를 작성한다면 수많은 공유 매물 중 차별화된 부동산 블로그가 될 것이다.

: 시선을 끄는 콘텐츠 작성법 :

인터넷에는 수많은 정보가 있다. 수십에서 수천 개의 블로그 중에서 내 포스팅으로 방문을 유도하기 위해서는 클릭률을 높일 수 있는 제목과 가독성이 높은 콘텐츠를 작성해야 한다. 지금까지 배워 온 방법들을 활용하여 어떻게 하면 가독성 높고 시선을 끌 수 있는 콘텐츠를 만들 수 있는지 실제 예를 보면서 하나씩 살펴보자.

클릭률을 높이는 블로그 제목

○ 숫자를 활용하라!

'파일럿 되는법'으로 검색했을 때 나오는 1~5위까지의 검색 결과를 보자. 여러분이라면 어떤 글을 클릭하여 보고 싶은가? 필자가 강연 도중에 이 중에 선택하라고 했더니 가장 많이 선택한 콘텐츠는 세 번째와 네 번째 콘텐츠였다. 왜일까? 3번째와 4번째 블로그 글의 제목은 '파일럿 되는법 4가지'와 '파일럿 되는법 TOP 3 확인'이다. 두 제목의 공통점은 바로 숫자가 포함되어 있다는 것이다. 제목에 숫자가 포함되어 있으면 짧고 강력하게 와 닿고 정확하다는 느낌을 주기 때문에 클릭률이 높아진다.

▲ 숫자가 포함된 제목

○ 타깃층과 공감대를 형성하라

또 다른 예를 보자. '백화점 여성구두'로 검색하면 다음과 같이 블로그가 검색된다. 어떤 글을 클릭하고 싶은가? 대부분 다섯 번째 글을 선호한다. '백화점 여성구두 매장은 왜 남자직원만 있는 거야? 정말 불편해'라는 제목의 글인데 일반 여성들이 제목만 보고도 공감하기 때문이다. 누구나 한 번쯤 경험해봤을 만한 보편성이 느껴지는 제목은 공감대를 형성하여 클릭을 유도하게 된다.

▲ 보편성이 느껴지는 제목

◉ 역지사지, 검색자의 입장에서 생각하라!

'신토익'으로 검색하면 다음과 같이 블로그가 검색된다. 어떤 글을 클릭하고 싶을까? 필자의 수강생들 대부분은 '구토익 vs. 신토익, 어떤 점이 달라졌는가'라는 제목의 글을 꼽았다. '신토익'을 검색하는 사람들이 가장 궁금해하는 것은 신토익이 구토익에서 어디가 어떻게 바뀌었는지이다.

▲ 검색자들이 궁금해하는 내용의 제목

가독성을 높이는 본문 포스팅

● 대화체로 서술하기

제목을 잘 작성했다면 포스팅을 어떻게 해야 할까? 블로그 글은 이야기하듯이, 대화하듯이 편안하게 써야 한다. 블로그는 기사가 아니고 책이 아니기 때문에 글이 딱딱하다면 굳이 이 글을 보지 않고 보기 편한 글을 찾을 것이다.

<table>
<tr><td colspan="2" align="center">보습크림 이거 하나면 이번 가을도 끝!!</td></tr>
<tr><td>2016.09.29. 16:53</td><td align="right">URL 복사 ⋮</td></tr>
<tr><td colspan="2" align="center">갑자기 오늘 아침에는 목소리가 안나오는거예욧!!
창문을 열어놓고 갔더니만....이젠 벌써 깔때는 춥더라구요ㅠㅠ
선선한 바람 쐬는걸 제일 좋아하는 수미니에게는 절망적인...
유난히도 덥고 길었던 이번 여름이 끝나자마자
겨울이 성큼 다가온거 같아용!!!

급 날씨가 쌀쌀해지니 목도 칼칼하니 건조함도 두배가 된거 같죠??ㅠㅠ
이런날일수록 물도 많이 마셔줘야 건강하대요~
몸에 물을 채워주듯이 피부에도 가뭄나지 않도록 보습크림 바르는것도 잊어서는 안되겠죵?☀☀☀</td></tr>
</table>

◀ 대화체로 서술한 포스팅

● 소제목 활용하기

사람들은 콘텐츠를 읽는 데 많은 시간을 소비하지 않기 때문에 블로그의 중요한 내용을 한눈에 알아볼 수 있도록 하는 것이 좋다. 가장 좋은 것은 소제목의 활용이다. 각 문단마다 소제목을 만들어 활용하면 내게 필요한 정보들을 한눈에 체크할 수 있고, 원하는 정보들을 얻을 수 있기 때문에 사람들이 콘텐츠에 머무르는 체류시간이 늘어난다.

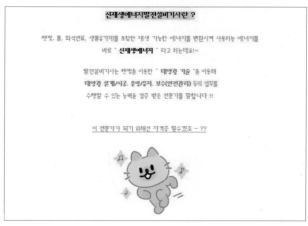

◀ 소제목을 사용한 포스팅

● 글자에 포인트 주기

콘텐츠의 중요한 부분에는 밑줄, 글자색 변경, 음영, 크기 조절 등으로 포인트를 주는 것이 좋다. 그래야 중요한 핵심 포인트들이 눈에 잘 들어와 더 유용한 콘텐츠라고 느낄 뿐만 아니라 글을 읽는 데 지루하지 않다. 단, 콘텐츠 하나에 너무 다양한 색을 사용해 알록달록하면 오히려 가독성이 떨어질 수 있으므로 색의 종류는 통일하는 것이 좋다. 모바일의 경우 글씨 크기를 다르게 하거나 색을 다르게 하는 포인트 주기는 어렵기 때문에 스마트에디터 3.0에서 제공하는 인용구 기능을 적절히 활용하는 것이 좋다.

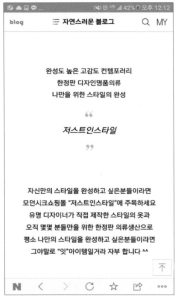

▲ 글자에 포인트를 준 포스팅

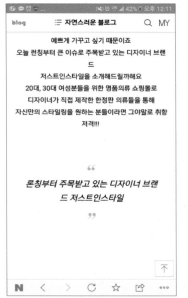

▲ 모바일에서 인용구 기능을 활용한 포스팅

● 사진 활용하기

텍스트만 있는 첫 번째 포스팅과 텍스트와 사진이 적절히 섞인 두 번째 포스팅을 비교해 보자. 어떤 글을 읽고 싶은가? 텍스트만 있는 글보다는 사진이 함께 있는 글이 더 눈에 들어온다. 사람들이 이 글을 읽고 싶다라는 생각이 들도록 텍스트 외에도 내용과 관련 있는 사진들을 적절히 배치해 가독성을 높여주는 것이 좋다.

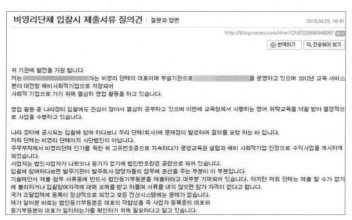

▲ 글자만 있는 포스팅

▲ 글과 사진이 함께 있는 포스팅

블로그에 사진을 삽입하는 방법을 알아보자. 사진을 삽입하기 위해서 도구 상자에서 '사진' 아이콘을 클릭한다. [네이버 포토업로더] 창이 나타나면 [내PC]를 클릭한다.

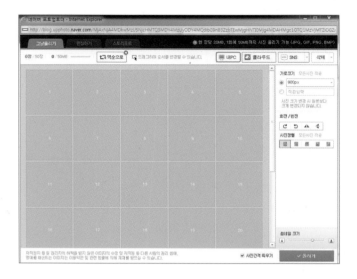

올리고자 하는 사진이 포함된 링크를 찾아 이동한 후 사진을 선택하고 [열기]를 클릭한다. 한꺼번에 여러 개의 사진을 선택하려면 키보드의 Ctrl을 누른 상태에서 원하는 사진들을 클릭한다.

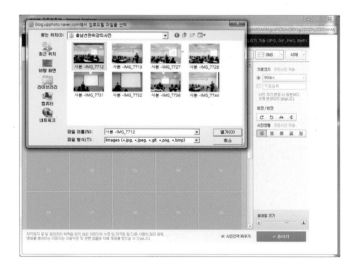

선택한 사진이 화면에 표시되면 오른쪽 하단의 [올리기] 버튼을 클릭한다. [편집하기], [스토리포토] 탭을 이용하면 사진을 편집할 수도 있다. [그냥 올리기] 탭에서는 간단하게 크기 조절, 회전 등을 설정할 수 있다.

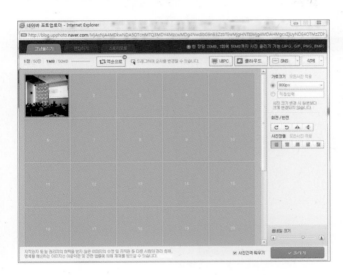

글쓰기 영역에 사진이 삽입된 것을 확인한다.

최근 사진 편집을 더 쉽게 할 수 있는 새로운 '포토업로더' 기능이 추가되었다. '사진' 아이콘을 클릭하면 [네이버 포토업로더] 창의 하단에 '새로운 포토업로더 이용하기'를 클릭하면 좀 더 편리하게 사진 업로드 기능을 활용할 수 있다.

새로운 [네이버 포토 업로더] 창이 나타나면 [내PC]를 클릭한다. 삽입을 원하는 사진을 창으로 드래그하여도 삽입이 가능하다. 클라우드, SNS에서 사진을 불러와 삽입할 수도 있다.

올리고자 하는 사진이 포함된 링크를 찾아 사진을 선택하고 [열기] 버튼을 클릭한다.

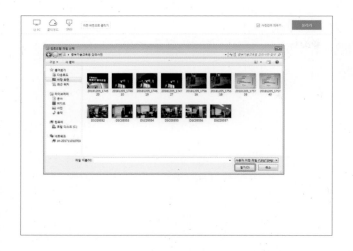

선택한 사진이 표시되면 아이콘들을 활용하여 간단한 사진 편집도 가능하다. 오른쪽 상단의 [올리기] 버튼을 클릭하면 글쓰기 영역에 사진이 삽입된 것을 확인한다.

이번엔 스마트 에디터 ONE에서 사진을 삽입하는 방법을 알아보자. 도구 상자에서 '사진' 아이콘을 클릭한다. 올리고자 하는 사진이 포함된 링크를 찾아 이동한 후 사진을 선택하고 [열기]를 클릭한다. 글쓰기 영역으로 사진을 드래그 해도 삽입이 가능하다.

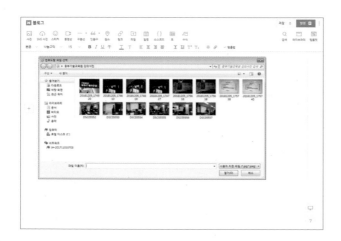

글쓰기 영역에 사진이 삽입된 것을 확인한다. 사진을 선택하고 상단에 표시되는 메뉴 중 막대 아이콘을 클릭하면 사진을 수정할 수 있다.

포스팅 하나당 사진의 개수는 10~15장 정도가 적합하다. 가독성을 위해 단순히 사진만을 나열하기보다는 각 사진과 관련된 글이 함께 제시되는 것이 좋다. 사진을 삽입할 때에는 다음 몇 가지만 주의하면 된다.

❶ 자신이 직접 찍은 사진을 활용한다

네이버는 이미 다른 곳에 노출된 사진을 또 보여주는 것보다는 새로운 사진이 더 유용한 정보라고 생각하기 때문이다.

❷ 내용과 관련 있는 사진을 사용한다

내가 보기 싫은 사진은 남도 보기 싫다. 단순히 사진 개수를 채우기 위해 연관 없는 사진들을 삽입하는 것은 신뢰성을 떨어뜨릴 뿐이다. 콘텐츠는 '사진-글-사진-글' 형태로 작성하는 것이 좋고, 글씨 크기는 11포인트 정도가 적당하다.

❸ 사진의 크기는 큰 것이 좋되, 보기에 불편한 사진은 피한다

필자가 강의를 할 때 가장 많이 듣는 질문 중 하나가 사진의 크기이다. 사진은 크게 넣는 것이 좋다. 하지만 세로로 긴 사진을 가장 크게 올린다면 스크롤을 내려서 글을 읽어야 하기 때문에 불편함이 생길 수 있다. 따라서 사진의 크기는 되도록 크게 올리되, 보는 사람이 불편하지 않을 정도가 가장 좋다.

이기용의 × 한 마 디!

보기 불편하지 않은 사진이란?

특강을 들으러 갔던 일화를 블로그에 올린다고 가정했을 때, 강의를 듣는 사람들과 강의자료 등의 사진은 크게 배치해도 콘텐츠를 읽는 데 전혀 불편하지 않다. 하지만 사진 개수를 채우기 위해 눈앞에 있는 종이컵이나 펜을 찍어서 올리는 경우가 있다. 종이컵이나 펜을 블로그에 올리는 것이 잘못된 것은 아니다. 물을 마시는 것도 깜빡할 정도로 강의에 집중했다고 풀어갈 수도 있고, 오늘 명강의를 이 펜 덕분에 잘 메모할 수 있었다는 내용을 쓴다면 전혀 어색하지 않다. 하지만 종이컵이나 펜의 사진이 세로로 길다면 어떨까? 글을 읽기 위해 스크롤을 내리는 과정이 독자에게는 불편할 수 있다. 이 경우에는 잘라서 올리거나 크기를 줄여 올리는 것이 더 나은 블로그를 만들어가는 데 도움이 될 것이다. 따라서 사진은 올라가는 크기 그대로 크게 올리되, 자신이 보기에도 불편하거나 방해가 될 것 같은 사진들은 작게 올리는 것이 좋다.

❹ 대표 이미지를 설정한다

대표 이미지는 블로그를 검색했을 때 목록에서 보여지는 이미지로, 클릭률을 좌우하는 데 매우 중요한 역할을 한다. 만약 음식점을 다녀온 글을 올리면 보통은 간판이나 인테리어 사진이 가장 먼저 삽입되고 뒤에 메뉴판, 음식 사진 등이 삽입된다. 사람들이 음식점 글을 보려고 할 때 음식 사진을 클릭하고 싶을까? 간판 사진을 클릭하고 싶을까? 당연히 먹음직스러운 음식 사진을 더 클릭하고 싶을 것이다. 대표 이미지는 별도의 설정이 없다면 글을 쓸 때 가장 먼저 삽입한 사진으로 지정된다. 만약 다른 사진을 대표 이미지로 지정하고 싶다면 글쓰기 하단에 표시되는 사진 목록 중 대표 이미지로 지정하고 싶은 것을 클릭하면 된다.

▲ 스마트 에디터 2.0에서 대표 사진 지정하기

▲ 스마트 에디터 ONE에서 대표 사진 지정하기

최근에는 대표 이미지에 직접 글씨나 그림을 삽입하는 경우도 많다. 포토샵이나 포토스케이프, PPT 등을 활용하지 않더라도 포토업로더 창에서 '편집하기' 탭을 이용하여 만들 수 있다. 오른쪽 하단의 'T' 아이콘을 클릭하고 'T텍스트 추가'를 클릭하면 텍스트를 넣을 수 있는 창이 뜬다. 여기에 대표 이미지에 넣고 싶은 문구를 입력하면 된다.

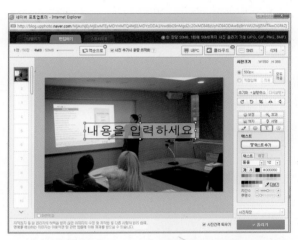

글씨체나 크기, 색 등을 원하는 것으로 변경할 수 있으며, 사진과 텍스트 상자 배경색이 어울리지 않으면 배경을 클릭해서 배경색도 변경할 수 있다.

새로운 '포토업로더'에서 텍스트를 추가하는 방법을 알아보자. 사진이 삽입되고 상단의 [편집하기] 아이콘을 클릭하면 이미지에 텍스트를 추가할 수 있다. 오른쪽 메뉴에서 '텍스트'를 선택하고, 이미지 하단에 'T+ 텍스트 추가'를 클릭하면 텍스트를 넣을 수 있는 창이 나타난다. 여기에 원하는 문구를 입력한다.

폰트의 모양, 크기, 색 등을 변경할 수 있으며, 배경색 변경도 가능하다.

스마트 에디터 ONE에서도 같은 방법으로 '텍스트'를 클릭하면 이미지 아래 '일반, 아트 타이포, 말풍선' 메뉴가 나타난다. '일반'은 스마트 에디터 2.0과 동일하게 텍스트를 삽입할 수 있고, '아트타이포'는 에디터에서 제공하는 툴을, '말풍선'은 말풍선을 활용하여 텍스트를 삽입할 수 있다.

● 동영상 활용하기

동영상을 활용하는 것도 콘텐츠의 질을 높이는 데 도움이 된다. 동영상을 활용하기에 적절한 콘텐츠 중 하나는 부동산이다. 사진은 공간적인 특성상 한 장 안에 모든 부분을 담아내기 쉽지 않다. 하지만 현장을 동영상으로 촬영하여 제공하면 숨어 있는 공간까지 세세하게 보여 줄 수 있어 집을 구하고 있는 사람들에게 신뢰감을 줄 수 있다.

◀ 동영상 활용에 적합한 부동산 콘텐츠

동영상을 활용하기에 적절한 또 다른 콘텐츠는 '큐브 맞추기'와 같이 만들기 과정을 담은 포스팅이다. 큐브의 특성상 글과 사진만으로 설명하기가 힘들기 때문에 동영상을 활용하여 콘텐츠를 작성하면 인기 콘텐츠가 될 것이다. 다음 사진 속 동영상의 조회 수는 149,945회나 된다. 적어도 14만 명 이상은 이 콘텐츠를 본 것이라고 예측할 수 있다.

◀ 동영상 활용에 적합한 만들기과정을 담은 콘텐츠

쉽지 않은 큐브 맞추기를 동영상으로 잘 설명해주다보니 댓글 56개, 공감 440개가 되었다. 뿐만 아니라 이 콘텐츠를 계속 보고 싶어서 본인 블로그에 스크랩을 해 간 사람도 36명이나 된다. 이처럼 동영상 하나를 잘 만들어 좋은 콘텐츠가 되면서 자연스럽게 공유되어 많은 사람들이 콘텐츠를 접하게 된 것이다.

동영상을 삽입하는 방법은 '동영상 올리기, 링크걸기, 검색으로 올리기' 세 가지가 있다. 세 가지 방법을 사용하여 동영상을 삽입하는 방법을 살펴보자.

❶ 동영상 올리기

동영상을 삽입하기 위해 도구 상자에서 '동영상' 아이콘을 클릭한다.

[네이버 블로그 업로더] 창이 나타나면 [동영상 올리기] 탭에서 [파일 선택]을 클릭한다. 동영상은 8192MB, 7시간까지 업로드할 수 있다.

▲ 스마트 에디터 2.0 버전 화면

▲ 스마트 에디터 ONE 버전 화면

올리고자 하는 동영상이 포함된 링크를 찾아 이동한 후 동영상을 선택하고 [열기]를 클릭한다.

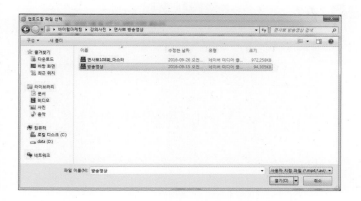

동영상을 업로드하면 영상 중 5개의 사진을 추출하여 대표 사진을 보여준다. 여기에서 사용자가 한 장을 선택하면 된다. 대표 사진은 사람들이 재생해 보고 싶다는 생각이 들만한 사진으로 선택하는 것이 좋다. 원하는 사진을 선택한 후 [완료]를 클릭하면 동영상 업로드가 완료된다.

[동영상 올리기] 탭에서 '네이버 클라우드'를 선택하면, 네이버 클라우드 내에 있는 동영상도 올릴 수 있다.

마찬가지로 사람들에게 보여주고 싶은 사진을 클릭하여 대표사진으로 지정한 후 동영상을 업로드하면 된다.

▲ 스마트 에디터 2.0 동영상 업로드 화면

▲ 스마트 에디터 ONE 동영상 업로드 화면

이기용의
×
한 마 디!

네이버 클라우드

네이버 클라우드는 네이버에서 운영하고 있는 웹하드 서비스이다. 이전에는 N드라이브라는 명칭으로 사용되다가 2015년 11월 네이버 클라우드로 변경되었다. 네이버 클라우드는 한 개의 아이디당 30GB의 용량을 무료로 제공하고 있다.

❷ 링크걸기

링크걸기는 유튜브나, 네이버 동영상, 네이버 TV캐스트에 있는 영상들을 'avi, mov, mpg, wmv' 등의 동영상 파일 경로인 URL 주소를 입력해서 연결하는 방식이다. 이런 동영상들은 저작권 문제가 발생할 수 있기 때문에 다른 사람의 권리를 침해하거나 명예를 훼손하는 동영상 등은 올리지 않도록 주의해야 한다.

도구 상자에서 '동영상' 아이콘을 클릭한 후 [네이버 블로그 업로더] 창에서 [링크 걸기] 탭을 클릭한다.

유튜브에 있는 동영상에 링크를 걸어보자. 유튜브에 접속하여 업로드하고 싶은 영상을 검색한다. 필자는 '이기용강사'를 검색하여 그중 영상 하나를 클릭했다.

영상 하단의 '추가/공유/더보기' 메뉴에서 '공유'를 클릭하면, 유튜브 링크가 표시된다.
드래그하여 해당 링크를 복사한다.

다시 [네이버 블로그 업로더] 창으로 이동하여 유튜브에서 복사한 링크를 붙여넣기한다.
유효한 링크인 경우 하단에 영상 미리보기 창이 뜬다.

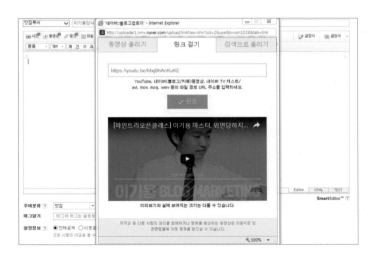

하단의 [완료]를 클릭하면 유튜브에 있는 동영상의 업로드가 완료된다.

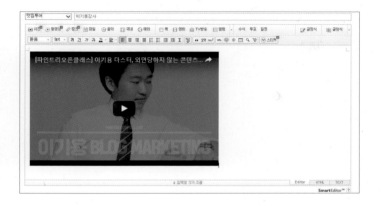

❸ 검색으로 올리기

검색으로 올리기는 네이버에서 운영하는 TV캐스트의 영상만 올릴 수 있는 기능이다.

네이버 TV캐스트는 네이버 동영상 서비스로 예능, 뮤직, 스포츠, 교양, 어린이 등 분야별 동영상을 제공한다.

도구 상자에서 '동영상' 아이콘을 클릭한 후 [네이버 블로그 업로더] 창에서 [검색으로 올리기] 탭을 클릭한다. 검색란에 검색어를 입력한 후 돋보기 아이콘을 클릭한다.

검색어에 맞는 TV캐스트에 있는 동영상이 검색된 후 블로그에 올리고 싶은 동영상을 선택하여 [올리기]를 클릭하면 동영상이 삽입된다.

동영상과 저작권

동영상은 저작권 관련 문제가 발생할 확률이 굉장히 높다. 유튜브에서 동영상을 링크로 가져오는 경우에도 저작권 문제가 발생할 수 있으므로 주의가 필요하다. 동영상을 가져올 때는 원작자가 운영하는 채널인지, 블로그에 포스팅하는 목적이 영리 목적인지, 비영리 목적인지 등을 체크해야 한다.

TV캐스트는 제휴사에서 직접 콘텐츠를 올리기 때문에 저작권이 유튜브보다 조금 더 자유로울 수 있다. 제휴사별로 허용 범위가 약간씩 차이가 있지만 대부분 블로그나 카페에 가져갈 수 있도록 허용하고 있다. 혹시라도 모를 저작권 위반에 대비해 가장 좋은 건 내가 직접 촬영하거나 제작한 동영상을 업로드하는 것이다.

무조건 동영상만 올린다고 좋은 것은 아니다

사람들이 보고 싶어 하는 동영상이 블로그 지수에 도움이 되는 것이지, 동영상만 올리면 상위 노출이 잘될 것이라는 생각에 무조건 동영상을 삽입하는 것은 적절하지 않다. 동영상은 블로그에 머무르는 시간(체류시간)을 늘려 더 유용한 정보라고 생각할 수 있도록 하기 때문에 노출에 도움이 되는 것일 뿐이다.

좋은 콘텐츠 작성을 위한 10계명

- 사진을 많이 써라!
- 사진과 글의 적정 비율은 사진 80%, 글 20%!
- 사진은 원거리보다는 역동적인 사진으로!
- 주인공과 배경이 조화로운 것으로!
- 사진에 핵심적인 글을 넣는 것도 좋다!
- '글-사진-글-사진' 순서로 가독성을 높여라!

- 글은 짧고 간결하게! 어려운 용어는 사절!
- 줄 간격은 200%로 설정한다!
- 공감대를 이끌어내기 좋게 질의응답 형식으로 글을 작성하라!
- 공감을 유발하기 위해 스토리텔링을 하라!

| 5주 차 과제 | 내 블로그와 유사한 콘텐츠를 다루는 블로그 포스팅 찾아보기

- 내 주제와 비슷한 콘텐츠를 잘 만든 블로그 포스팅 5개 찾아보기
- 내 주제와 비슷한 콘텐츠의 블로그 중 포스팅 제목 잘 쓴 것 5개 찾아보기
- 블로그 이웃 30명에게 댓글이나 공감 달아주기
- 1일 1포스팅하기

일 차	키워드	제목	본문 콘셉트
1일 차			
2일 차			
3일 차			
4일 차			
5일 차			
6일 차			
7일 차			

06 WEEKS

새로운 소통 수단,
모바일 활용하기

대부분의 사람들이 스마트폰을 사용하게 되면서 시간과 장소의 영향을 거의 받지 않는 모바일에 대한 관심이 높아지고 있다. 모바일은 방문객들과 수시로 소통할 수 있기 때문에 블로그를 운영할 때 필수적인 요소라고 할 수 있다. 예를 들어, 자신이 블로그의 유명 강사들이 하는 '블로그 마케팅 교육'을 받기 위해 개인 강사들 블로그에 가격이나 커리큘럼 관련하여 문의했다고 가정해보자. 수많은 강사 중 한 명을 선택하는 기준으로 가장 중요한 것은 바로 얼마나 원활하게 소통이 이루어지느냐 하는 것일 것이다. 비슷한 가격과 커리큘럼이라면 빠르고 친절하게 답변을 주는 강사에게 호감도가 상승할 수밖에 없다. 따라서 블로그를 통해 마케팅을 하고자 한다면 방문자들의 문의를 수시로 확인하고 소통할 수 있는 도구인 모바일을 적극적으로 활용해야 한다.

: 블로그 애플리케이션 **설치하기** :

모바일 마케팅을 진행하기 위한 첫 단계, 내 스마트폰에 블로그 애플리케이션(앱)을 설
치하는 방법을 알아보자. 스마트폰에서 'Play 스토어' 실행>'네이버 블로그' 검색>설치
>동의'를 클릭하여 설치한다. 설치가 완료되면 [열기] 버튼을 클릭하여 네이버 블로그
앱을 실행한다.(※이 책에서는 안드로이드를 기반으로 한 휴대폰을 기준으로 설명되며,
ios 기반인 아이폰에서는 사용할 수 없는 기능에 대한 설명이 포함되어 있다.)

설치된 네이버 블로그 앱을 처음 실행하면 '바탕화면에 빠른 실행 아이콘을 추가하시겠습니까?'라는 메시지가 나온다. [추가] 버튼을 누르면 스마트폰 바탕화면에 빠른 실행 아이콘이 생긴다.

: 블로그 알림 설정 :

블로그 이웃들이 내 블로그에 댓글이나 안부글을 남기고, 서로이웃 신청 등을 하면 내 스마트폰에 알림이 뜨도록 설정할 수 있다. 다른 알림은 설정하지 않더라도 댓글 알림은 반드시 설정하여 빠른 피드백을 통해 잠재고객을 확보해야 한다.

알림 설정은 '모바일로 네이버 블로그 접속 〉오른쪽 상단 'MY' 클릭 〉'환경설정' 클릭 〉 알림 설정 영역에서 '알림 허용' 클릭' 순으로 설정하면 된다.

모든 알림을 허용하여 수시로 많은 알림이 온다면 일상생활에 지장을 받을 수도 있다. 이 경우에는 앞서 말한 것처럼 다른 알림들은 비활성화로 설정하되, '댓글' 알림은 반드시 활성화하여 잠재고객과의 소통을 소홀히 하지 않아야 한다. '알림창 띄우기'와 '알림 종류 설정'에서 '댓글 내용 표시'를 활성화하면 다음과 같이 내 블로그에 댓글을 쓰면 알림이 표시되어 실시간으로 어떤 글에 어떤 댓글이 달렸는지 확인할 수 있다.

댓글 알림이 뜨면 바로 아래 빈칸에 답변을 달아서 등록할 수도 있어 이웃과 실시간 소통이 가능하다.

: 블로그 기본 설정하기 :

PC에서 스킨과 타이틀을 꾸몄던 것처럼 모바일에서도 블로그 커버 등을 콘셉트에 맞게 설정해야 한다. PC에서 타이틀과 스킨을 지정했으니 된 것 아니냐고 반문하는 사람들이 있다. 하지만 PC와 모바일은 별개로 생각해야 한다. PC에서 스킨과 타이틀을 지정하더라도 모바일에서는 확인할 수 없다. 모바일에서는 스킨이나 타이틀 대신 커버 이미지를 사용하기 때문이다. 모바일 커버 이미지를 한 번도 수정하지 않았다면 네이버에서 기본으로 제공하는 이미지로 설정되어 있다. 커버 이미지부터 내 블로그의 콘셉트에 맞도록 변경한 후 기본 사항들을 설정하도록 하자.

블로그 커버 이미지 설정하기

블로그 커버 사진은 PC의 타이틀이나 스킨과 같은 영역이라고 생각하면 된다. 블로그에 접속했을 때 처음 마주하는 화면이므로 자신의 정체성을 잘 보여줄 수 있는 이미지로 설정하는 것이 좋다.

블로그 커버 이미지 설정은 '네이버 블로그 접속 > 왼쪽 중간에 '홈편집' 클릭 > 이미지 변
경 > '커버사진을 선택하세요'에서 '촬영 또는 앨범에서 선택' 클릭 > 원하는 이미지를 선
택하여 첨부' 순으로 삽입한다.

선택한 사진이 표시되면 8개의 커버 스타일 중 하나를 선택하고 상단의 [확인]을 클릭
한다.

블로그 소개글, 인기글, 대표글 설정하기

블로그 소개글은 '네이버 블로그 접속>화면 중간에 '홈편집' 클릭>소개글 입력 영역 클릭' 순으로 클릭하여 원하는 내용으로 소개글을 작성하거나 수정할 수 있다. 모바일의 소개글에는 PC의 소개글이 반영되며, 어느 한쪽을 수정하면 모바일과 PC에 모두 반영된다.

소개글의 [−숨기기] 버튼을 클릭하면 화면에서 숨길 수 있다. 글이 삭제되는 것은 아니므로 하단의 [+] 버튼을 클릭하면 다시 보이게 할 수 있다.

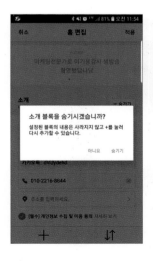  

왼쪽 하단의 [+] 버튼을 누르면 외부채널이나 외부채널의 글이 모바일에 노출될 수 있도록 설정할 수 있다.

오른쪽 하단의 상/하 화살표 버튼을 클릭하면 소개글과 인기글의 위치를 변경할 수 있다.

'인기글'과 '대표글'은 두 가지 중 하나를 선택하여 노출할 수도 있고, 두 가지 모두를 노출할 수도 있다. 인기글은 내 블로그에서 사람들이 가장 많이 본 글을 보여주기 때문에 자신이 생각하는 콘텐츠가 노출되지 않을 수 있지만, 대표글은 자신이 보여주고 싶은 콘텐츠를 지정하여 노출시킬 수 있으므로 마케팅에 훨씬 효과적이다. 따라서 인기글보다는 대표글이 노출되도록 설정하는 것이 좋다.

[대표글 관리] 버튼을 누르면 대표글로 노출할 콘텐츠를 최대 10개까지 선택하여 지정할수 있다.

： 모바일로 이웃 신청하기 ：

이번엔 모바일에서 이웃 신청하는 방법을 알아보자. 모바일에서 이웃 신청 방법은 PC에서 이웃 신청 방법과 크게 다르지 않다. 어떤 블로거에게 이웃 신청을 하면 좋을지 알아보자.

이웃의 이웃에게 이웃 신청하기

'네이버 블로그 접속 > 왼쪽 중간에 '사람모양' 클릭'하면 가장 최근에 업데이트한 순서대로 이웃 목록이 표시된다. 상단에 표시되는 이웃들은 꾸준하게 블로그 활동을 하고 있다고 생각하면 된다.

블로그 이웃을 추가할 때 가장 좋은 방법은 내 이웃과 소통하는 블로거에게 이웃 신청을 하는 것이다. 다른 사람과 활발하게 소통을 하고 있다는 것은 나와 이웃이 되면 나와도 꾸준히 소통할 확률이 높다는 것을 의미하기 때문이다. '이웃 블로그 최신글 클릭 > 댓글 클릭 > 댓글을 쓴 닉네임 클릭하여 블로그로 이동 > 이웃추가 클릭 > 서로이웃 신청하기' 순으로 서로이웃 신청을 할 수 있다. PC와 마찬가지로 이웃 신청보다는 서로이웃 신청하는 것이 블로그 마케팅에 더 유리하다.

관심 분야 블로거에게 이웃 신청하기

내가 관심 있는 분야의 콘텐츠들을 위주로 다루는 사람들에게 이웃 신청을 하는 것도 소통하기에 좋은 방법이다. '네이버 블로그 접속>하단 '추천' 클릭>오른쪽 상단 돋보기 모양 클릭>검색어 입력(예 제주도여행) 후 돋보기 모양 클릭>검색어로 나오는 블로거에게 서로이웃 신청' 순으로 이웃을 신청할 수 있다. 추천에 뜨는 블로그들은 '오늘의 TOP' 블로그들이다.

유용한 콘텐츠를 발행하는 블로거에게 이웃 신청하기

나에게 유용한 콘텐츠를 발행하는 사람들에게 이웃 신청을 하는 것도 좋은 방법이다. 이웃이 발행하는 새로운 콘텐츠를 지속적으로 받을 수 있기 때문에 나에게 유용한 정보를 수시로 얻을 수 있는 블로거에게는 서로이웃 신청이 아니더라도 이웃 신청을 하는 것이 좋다.

유용한 콘텐츠를 발행하는 블로거에게 이웃 신청을 하는 방법은 '검색어 입력(예 이기용 강사)>검색어로 나오는 블로그나 닉네임, ID 확인>해당 블로그에 접속하여 이웃 신청' 순으로 하면 된다.

：모바일에서 이웃 관리하기 ：

이웃이 광고글 위주로만 새 글을 써 소통하기가 불편하다면 해당 이웃의 '이웃 새 글' 알림을 끄거나 이웃을 끊을 수 있다. 반대로 내가 좋아하는 콘텐츠들을 많이 다루거나 자주 소통하는 이웃은 '이웃 새 글'에 노출되도록 새 글 알림을 켤 수도 있다.

이웃 삭제

블로그 이웃의 삭제는 '네이버 블로그 접속>프로필 영역 오른쪽 중간에 사람 모양 클릭>이웃목록>삭제하고 싶은 이웃 닉네임 옆의 사람 모양 클릭>'이웃과 서로이웃 모두 삭제합니다' 클릭' 순으로 하면 된다.

이웃 새 글 알림 켜기 · 끄기

이웃이 올리는 새 글의 알림을 켜거나 끌 때에는 '이웃 닉네임 옆 ':' 클릭>새 글 알림을 끄고 싶으면 '이웃새글 OFF', 새 글 알림을 켜고 싶으면 '이웃새글 ON' 클릭' 순으로 설정하면 된다. 한 번씩 누를 때마다 'ON'과 'OFF'가 번갈아 표시된다.

: **모바일로** 답글 달기 :

PC가 아닌 모바일은 즉각적인 대응이 가능하기 때문에 모바일을 이용하여 소통하게 되면 빠른 피드백으로 블로그 지수를 더 높일 수 있다. 이웃이 작성한 댓글에 빠르게 답글을 달면 게시물에 대한 신뢰도가 올라가기 때문이다. 또한, 모바일로 이웃과 소통을 많이 하게 되면 모바일 지수가 올라가 상위 노출하는 데 용이하므로 모바일을 이용한 소통을 게을리하지 않도록 한다.

블로그 답글은 '네이버 블로그 접속>하단의 '내소식' 클릭>내 블로그에 달린 댓글 확인>댓글에 답글 달기' 순으로 작성하면 된다.

：모바일로 포스팅하기：

이번엔 모바일에서 포스팅하는 방법을 알아보자. 모바일은 PC에서 포스팅할 때처럼 디테일한 사진 편집은 어렵지만 간단한 일상생활을 주제로 1일 1포스팅을 하기에는 부족함이 없다. 사진을 삽입하고 글을 쓴 후 카테고리, 제목, 태그 등을 설정하여 포스팅을 올리면 된다. 글쓰기를 시작하기 전에 주의해야 할 점이 있다. 모바일에서 포스팅할 때 이동 중에 쓰는 것은 좋지 않다. 위치에 따라 IP가 변경되므로 갑자기 IP가 변경되어 포스팅이 올라가는 것은 임의로 조작하고 있다는 의심을 줄 수 있어 주의해야 한다.

화면 하단의 [글쓰기] 버튼을 클릭하면 글쓰기를 시작할 수 있다.

사진을 삽입하고 싶을 때 화면 중앙의 사진 아이콘을 클릭하면 사진 모양이 'T'로 바뀌며, 오른쪽에 카메라 아이콘이 표시된다. 카메라 아이콘을 클릭하면 사진을 촬영하거나 저장된 사진을 불러와 삽입할 수 있다.

글쓰기를 완료했다면 오른쪽 상단에 [다음]을 클릭한다. '카테고리, 제목, 태그' 등을 설정할 수 있는 영역이 나타난다. 카테고리 지정부터 차례로 설정하면 된다. 태그는 최대 10개까지 추가할 수 있으며, 많은 이들이 검색하는 주요 키워드를 넣는 것이 좋다.

하단의 공개설정에서는 '전체, 이웃, 서로이웃, 비공개' 중 하나를 선택하고, '검색 허용, 검색허용안함' 중 하나를 선택하면 된다. 블로그 마케팅을 위해 글을 작성하는 것이므로 '전체공개'로 설정하고, 이웃들에게만 콘텐츠를 보여주는 것이 아니라 검색을 기반으로 하는 것이므로 '검색허용'으로 설정하는 것이 좋다. 해당 포스팅을 공지글로 지정할 수도 있다. 공지글로 지정하면 블로그 상단에 해당 글이 '공지' 형태로 표시된다.

글쓰기 설정에서는 '공개설정, 댓글 허용, 공감 허용, 블로그/카페 보내기, 외부 보내기 허용, 검색 허용, 첨부 이미지 크기, 사진위치 정보 활용, 주제 분류'를 선택할 수 있다. 기본 설정 사항은 PC의 설정 내용과 동일하다.

- 공개설정 : 전체공개
- 공감 허용
- 외부 보내기 허용
- 댓글 허용
- 블로그, 카페 보내기 : 본문 허용
- 검색 허용

'주제분류'는 해당 포스팅과 맞는 주제를 선택한다. 모든 항목을 설정한 후 오른쪽 상단의 [등록]을 클릭하면 글 등록이 완료된다.

모바일에서 블로그 활용하기

- 블로그 애플리케이션 설치하기
- 블로그 앱 위젯 바탕화면에 설치하기
- 모바일로 블로그 이웃 30명 최신 글에 댓글 달기
- 블로그 이웃 타고 들어가서 블로거 20명에게 이웃 신청하기
- 1일 1포스팅하기

일 차	키워드	제목	본문 콘셉트
1일 차			
2일 차			
3일 차			
4일 차			
5일 차			
6일 차			
7일 차			

07 WEEKS

방문자 수를 늘리는
키워드 공략 비법

블로그 콘텐츠는 몇몇의 정해진 이웃만 볼 수 있는 것이 아니라 검색을 통해 불특정 다수가 볼 수 있으므로 어떤 키워드를 사용하여 글을 쓰느냐에 따라 방문자 수가 많이 차이가 난다. 어떤 키워드를 사용하느냐에 따라 아무리 유용한 콘텐츠를 생성하더라도 많은 사람들에게 보여줄 수 없는 경우도 생길 수 있기 때문이다.

: 방문을 유도하는 키워드 :

블로그를 운영할 때 집착하게 되는 것 중 하나가 바로 방문자 수다. 물론 하루 방문자 수가 100명인 블로그보다는 1만 명인 블로그가 좋을 것이다. 하지만 착각하면 안 되는 것이 있다. 하루에 1만 명이 들어온다고 해서 그 사람 모두가 내가 홍보하고자 하는 글을 보는 것은 아니라는 사실이다. 방문자 대부분은 자신이 검색해서 들어온 글만 보고 나갈 뿐, 블로그에 어떤 글이 올라와 있는지 전혀 관심이 없기 때문이다. 따라서 단순 방문자수보다 실제 내 고객이 될 사람이 방문하는 것이 중요하다. 내 고객이 될 가능성이 높은 사람들의 방문횟수를 늘리는 가장 좋은 방법은 홍보하고자 하는 제품의 키워드를 넣어 글을 작성하는 것이다.

고객이 원하는 키워드란?

우리가 강남에서 음식점을 찾을 때 '강남에서 맛있는 곳'이 아닌 '강남맛집'이라고 주로 검색한다. 이처럼 데이터를 검색할 때, 특정한 내용이 들어가 있는 정보를 찾기 위해 사용하는 단어나 기호를 '키워드(Keyword)'라고 한다. 사람들이 필요로 하는 정보를 알려주기 위해 블로그를 운영하고 있으므로 사람들의 니즈를 분석하여 해결하기 위해서는 이 키워드가 굉장히 중요하다. 특히 내가 홍보하고자 하는 것에 관심 있어 하는 사람들이 어떤 키워드를 사용하여 검색을 하는지 분석해 보고 그에 맞춰 키워드를 만드는 것이 중요하다.

내가 생각하는 키워드 vs. 사람들이 찾는 키워드

내가 생각하는 키워드와 사람들이 찾는 키워드는 다를 수 있다. 한 예로, 창원의 에스테틱 브랜드의 주요 고객들은 결혼식을 앞두고 피부관리를 위해 오는 예비신부들이었다. 그래서 '창원웨딩케어'와 '창원신부관리'를 키워드로 잡아 블로그 포스팅에 활용했다. 그런데 생각만큼 효과가 나타나지 않았다. 원인을 분석하기 위해 네이버의 키워드스테이션에서 확인해 보니 '창원웨딩케어'의 월간 검색 수는 PC에서 10회, 모바일에서 30회로 한 달에 총 40회 정도만 검색이 되었고, '창원신부관리'의 월간 검색 수는 PC에서 10회 미만, 모바일에서 30회로 한 달에 총 40회 미만이 검색되었다. 하루에 약 1회 정도만 검색이 되고 있다는 얘기다. (* 키워드별 조회 수 검색 방법은 171페이지를 참고한다.)

전체추가	연관키워드 ⑦		월간검색수 ⑦	
		⇕	PC ⇕	모바일 ⇕
추가	창원웨딩케어		10	30

▲ '창원웨딩케어' 월간 검색 수

전체추가	연관키워드 ⑦		월간검색수 ⑦	
		⇕	PC ⇕	모바일 ⇕
추가	창원신부관리		< 10	30

▲ '창원신부관리' 월간 검색 수

이번엔 '창원피부관리'와 '창원피부관리실' 키워드를 확인해 보자. '창원피부관리'의 월간 검색 수는 PC에서 230회, 모바일에서 3,720회로 한 달에 약 4,000회 정도 검색되었고, '창원피부관리실'의 월간 검색 수는 PC에서 570회, 모바일에서 2,730회로 한 달에 약 3,300회 정도 검색되었다.

전체추가	연관키워드 ⑦		월간검색수 ⑦	
		⇕	PC ⇕	모바일 ⇕
추가	창원피부관리		230	3,720

▲ '창원피부관리' 한 달 조회 수

전체추가	연관키워드 ⑦		월간검색수 ⑦	
		⇕	PC ⇕	모바일 ⇕
추가	창원피부관리실		570	2,730

▲ '창원피부관리실' 한 달 조회 수

이 결과를 볼 때, 아무리 예비신부들이 많이 찾는 에스테틱이라 해도 '창원웨딩케어'나 '창원신부관리'를 키워드로 선정하여 글을 쓰기보다는 '창원피부관리'나 '창원피부관리실'을 키워드로 선정하는 것이 좋다. 이처럼 내가 생각하는 키워드와 사람들이 실제 검색하는 키워드는 다를 수 있기 때문에 키워드를 선정하기 전에 반드시 확인 과정을 거쳐야 한다.

키워드는 표준어를 사용해야 할까?

'강남고깃집'과 '강남고기집' 중 표준어는 '강남고깃집'이다. 하지만 네이버에서 '강남고깃집'의 월간 검색 수는 PC 160회, 모바일 790회인 반면, '강남고기집' 월간 검색 수는 PC 520회, 모바일 1,900회이다. 표준어인 '강남고깃집'보다 쉽게 쓰이는 '강남고기집'을 훨씬 더 많은 사람들이 검색하고 있는 것이다. 따라서 사람들이 찾는 키워드들의 조회 수를 확인하여 표준어가 아니더라도 많은 사람들이 검색하고 있다면 키워드로 사용하는 것이 좋다.

연관키워드 ⑦	⇕	월간검색수 ⑦	
		PC ⇕	모바일 ⇕
강남고깃집		160	790

▲ '강남고깃집' 월간 검색 수

연관키워드 ⑦	⇕	월간검색수 ⑦	
		PC ⇕	모바일 ⇕
강남고기집		520	1,900

▲ '강남고기집' 월간 검색 수

사람들이 많이 검색하는 키워드 찾기

사람들이 주로 검색하는 키워드는 '키워드 추출, 키워드 추적, 키워드 추천'의 과정을 통해 찾을 수 있다.

● 1단계 : 키워드 추출

처음 키워드를 선정할 때 다양한 키워드를 뽑아 그중에 자신에게 가장 맞는 키워드를 찾아야 한다. 효과적인 키워드들을 찾기 위해서는 네이버 연관검색어와 자동완성어를 활용하면 된다. 연관검색어와 자동완성어는 사람들이 검색을 많이 함으로써 생성되는 것이기 때문에 충분히 활용도가 높다.

> • **연관검색어** : 검색어와 연관성이 있다고 판단되는 키워드를 보여주는 기능
> • **자동완성어** : 검색어를 모두 입력하지 않아도 자동으로 문장이 완성되는 기능

먼저, 연관검색어를 활용하여 키워드를 추출해 보자. 네이버 검색창에 '여수 여행'을 입력하여 검색하면 하단 연관검색어란에 '1박2일 여행코스, 여수 코스, 여수먹거리 여행, 여수 여름에 가볼만한곳, 여수 여행 숙박, 여수 가볼만한곳, 여수관광, 여수 여행지, 여

수 혼자여행' 등이 표시된다. 이는 '여수 여행'과 관련하여 많은 사람들이 검색했던 단어라는 뜻이기 때문에 충분히 활용도가 높은 키워드가 된다.

▲ '여수 여행' 연관검색어

이번엔 더 넓은 범위로 세부 키워드를 추출해 보자. 연관검색어와 자동완성어를 조합하는 방법이다. '여수 여행'을 검색하면 자동완성어에 있는 '혼자 여수여행, 여수 여행지' 등은 이미 연관검색어에 있으므로 제외하고 연관검색어에 없는 '여수 여행코스, 여수 여행지 추천, 여수 여행하기좋은날, 여수 여행코스 추천, 겨울 여수여행, 여름 여수여행' 등의 키워드를 추가로 추출할 수 있다.

▲ '여수 여행' 자동완성어

이처럼 키워드를 추출할 때 연관검색어와 자동완성어가 겹쳐 추출할 키워드가 적을 경우에는 연관검색어나 자동완성어로 만들어진 키워드들을 조합하여 새로운 키워드를 추출할 수 있다. 예를 들면 '여수 여행' 키워드에서 자동완성어로 만들어진 '여수 여행지 추천'을 클릭하면 '여수 근처 여행지, 여수 여행코스' 등의 연관검색어가 표시된다. 이 단어들도 좋은 키워드가 될 수 있는 것이다. 이렇게 다양한 키워드들을 추출하면 키워드를 찾기 위한 준비 단계인 1단계가 완료된다. 좀 더 자세한 방법은 이후에 설명하겠다.

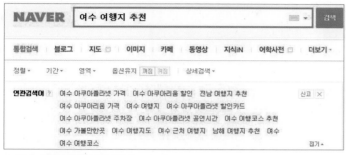

▲ '여수 여행지 추천' 연관검색어

● 2단계 : 키워드 추적

키워드 추적은 온라인 유동인구를 파악하는 것이다. 키워드 추출을 통해 키워드들을 다양하게 세팅한 후 키워드 추적을 통해 세팅해 놓은 키워드들을 얼마나 사람들이 많이 찾는지 분석해 보는 방법이다. 네이버 검색광고(http://searchad.naver.com) 사이트를 활용하면 사람들이 어떤 키워드로 검색을 하는지 쉽게 확인할 수 있다. 네이버 검색광고는 키워드별 월간 검색 수를 제공하기 때문에 블로그를 운영하는 사람이라면 필수로 가입해서 활용해야 한다. 월간 검색 수는 최근 한 달간 네이버를 이용하는 콘텐츠 소비자가 해당 키워드를 검색해 본 검색 수로, PC와 모바일의 월간 검색 수를 확인하면 시기별로 소비자들의 관심도를 쉽게 확인할 수 있다.

네이버 검색창에 '네이버검색광고'를 입력한 후 검색하여 '네이버 검색광고' 홈페이지에 접속하거나 주소 입력창에 'http://searchad.naver.com'을 입력하면 접속할 수 있다.

네이버 검색광고를 하기 위해서는 네이버와는 별도로 회원가입을 해야 한다. 기존 네이버 아이디로 가입도 가능하다. 사업자 광고주는 사업자등록증이 필요하며, 개인은 개인 광고주를 선택하여 회원가입을 하면 된다. '신규가입 클릭 〉 검색광고 신규 회원가입 〉 약관동의 〉 가입 유형(사업자 광고주, 개인 광고주) 선택 〉 기본 정보 입력(휴대전화 인증 포함)' 과정을 거치면 회원가입이 완료된다.

회원가입이 완료되면 로그인한다.

화면 오른쪽의 '키워드도구'를 클릭하고, 확인하고자 하는 키워드를 입력한 후 [조회하기] 버튼을 클릭하면 PC와 모바일의 월간 검색 수를 확인할 수 있다.

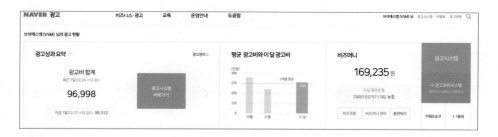

네이버 검색광고에서는 월간 키워드 검색 수뿐만 아니라 최근 1년간 검색 추이도 확인할 수 있다. 이를 통해 어떤 키워드를 어떤 시기에 공략해야 효과적인지를 미리 체크하여 준비할 수 있다. 다음 '스키장' 키워드의 최근 1년간 검색 추이 결과를 살펴보자. 2015년 8월에는 'PC 3,890, 모바일 7,020', 9월에는 'PC 4,600, 모바일 6,810'으로 평이하게 검색되다가 10월에 'PC 10,100, 모바일 14,800', 11월에 'PC 48,400, 모바일 72,200'이었고, 마지막으로 12월에는 'PC 102,500, 모바일 143,400'으로 검색 수가 급증하는 것을 확인할 수 있다.

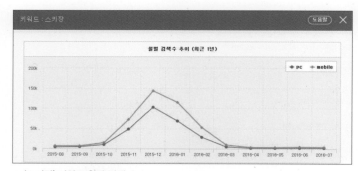

▲ '스키장' 키워드 월별 검색 수

이 결과를 바탕으로 스키장과 관련된 키워드를 공략하고자 한다면 스키장이니 막연하게 '겨울에 키워드를 공략하면 되겠지'가 아니라 키워드 검색 수가 많아지는 10월부터 관련된 키워드 장악을 시작해야 한다는 결론을 내릴 수 있다.

● 3단계 : 키워드 추천

마지막 단계는 해당 키워드의 경쟁률을 확인하는 단계다. 아무리 키워드 검색 수가 높다 하더라도 내가 쓴 키워드의 경쟁률이 높다면 상위 노출이 쉽지 않고, 상위 노출이 된다 하더라도 오래 유지하기가 쉽지 않아, 수시로 다시 써야 하는 일이 생길 수 있다. 따라서 경쟁이 약한 키워드를 찾아 먼저 포스팅하는 것이 좋다.

키워드의 경쟁률은 네이버에서 해당 키워드의 문서량을 보고 판단할 수 있다. '자기계발 책'과 '자기계발추천도서'는 모두 자기계발에 관련된 키워드인데 '자기계발책' 키워드의 블로그 총 문서량은 158,393건이고 '자기계발추천도서' 키워드의 블로그 문서량은 13,034건이다. 같은 방향성의 키워드인데 약 12배나 문서량 차이가 난다. 문서량이 많다는 것은 그만큼 해당 키워드의 경쟁률이 세다는 것을 의미한다. 따라서 문서량이 12배나 많은 '자기계발 책'보다 문서량이 1/12인 '자기계발추천도서'가 상위 노출에 더 효율적이다.

▲ '자기계발 책' 키워드 네이버 블로그 문서량

▲ '자기계발추천도서' 키워드 네이버 블로그 문서량

: 세부 키워드가 메인 키워드보다 낫다 :

앞서 설명한 '키워드 추출, 키워드 추적, 키워드 추천'을 통해서 좋은 키워드를 찾아냈다면 찾아낸 키워드를 효과적으로 활용할 줄 알아야 한다.

세부 키워드 활용하기

효과적인 키워드 사용을 위해서는 대표 키워드와 세부 키워드에 대해서 이해해야 한다. 대표 키워드는 사람들이 가장 많이 검색하는 키워드로 범위가 넓고 조회 수가 많다. 하지만 경쟁이 치열하기 때문에 상위 노출이 쉽지 않다. 반면, 세부 키워드는 대표 키워드의 확장 키워드로, 범위가 좁고 조회 수가 적어 상대적으로 경쟁이 치열하지 않아 상위 노출이 어렵지 않다.

대표 키워드	세부 키워드 1	세부 키워드 2
헤어스타일	여자헤어스타일	여자헤어스타일 추천
헤어스타일	헤어스타일 추천	여자헤어스타일 추천

2014년에 개봉한 영화 '황제를 위하여'를 감상한 후 작성한 후기를 예로 들어보자. 앞서 말한 것처럼 키워드를 찾기 위해 연관검색어와 자동완성어를 활용했다. 이 콘텐츠를 작성하기 전에 '황제를 위하여'의 자동완성어를 살펴보니 '황제를 위하여 이태임'이라는 키워드가 잡혔고 '황제를 위하여 이태임'이라는 키워드를 자동완성어로 살펴보니 '황제를 위하여 이태임 노출수위'가 나타났다. 이를 바탕으로 대표 키워드인 '황제를 위하여'를 키워드로 잡지 않고 자동완성어로 만들어진 세부 키워드인 '황제를 위하여 이태임 노출수위'를 키워드로 잡아 콘텐츠를 작성했다.

대표 키워드	세부 키워드 1	세부 키워드 2
황제를 위하여	황제를 위하여 이태임	황제를 위하여 노출수위

6월 12일 23시 51분에 콘텐츠가 업로드되었다. 6월 12일까지 하루 평균 방문자 수는 약 2천 명 수준이었다. 그런데 콘텐츠가 업로드된 다음 날인 6월 13일부터 2개월 동안 하루 방문자 수가 약 4만 명이나 되었다.

▲ 블로그 콘텐츠 통계

'황제를 위하여' 관련 콘텐츠를 올리고 다음날 유입 통계를 살펴봤다. 황제를 위하여 콘텐츠 관련 키워드 유입이 약 99%였는데 만약 대표 키워드인 '황제를 위하여'만 사용했다면 유입률 1위인 '황제를 위하여' 42.8%에 5위 '황제를 위하여' 1.9%의 유입만 있기 때문에 약 44.7%만 들어오고 약 54.%에 해당하는 21,613명은 블로그에 들어오지 않았을 것이다.

이처럼 대표 키워드와 세부 키워드를 분석하여 적절하게 활용하는 과정은 블로그 마케팅을 하고자 하는 사람들에게 반드시 필요하다.

세부 키워드의 중요성

> 강남 맛집 vs. 강남 레스토랑/강남 분위기 좋은 레스토랑

사람들은 음식점을 운영하면 '맛집' 키워드를 굉장히 많이 선호한다. 그래서 강남에서 음식점을 운영하는 경우에는 '강남 맛집'만을 고집하는 경우가 많다. 물론 사람들의 월간 조회 수는 어마어마하다. '강남 맛집'의 경우 PC 월간 조회 수 25,300건, 모바일 월간 조회 수 114,200건으로 총 139,600건이나 된다. 반면, '강남 맛집'의 세부 키워드인 '강남 레스토랑'은 PC 월간 조회 수 820건, 모바일 월간 조회 수 2,530건이고, '강남 분위기 좋은 레스토랑' 키워드는 PC 월간 조회 수 250건, 모바일 월간 조회 수 1,200건밖에 되지 않는다.

연관키워드 ⑦	월간검색수 ⑦	
	PC	모바일
강남맛집	25,300	114,200
강남레스토랑	820	2,530
강남분위기좋은레스토랑	250	1,200

이번엔 문서량을 보자. '강남 맛집' 키워드의 문서량은 474,971건이고, '강남 레스토랑' 키워드는 134,454건, '강남 분위기 좋은 레스토랑'은 34,080건이다. '강남 맛집'이 '강남 레스토랑' 블로그 콘텐츠 수보다 약 3.5배나 많았고, '강남 분위기 좋은 레스토랑'보다는 약 14배나 많았다. 이 말은 '강남 맛집' 키워드는 경쟁이 심하기 때문에 상위 노출이 쉽지 않다는 것을 의미한다.

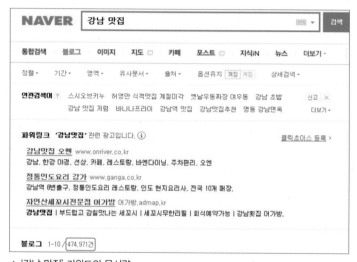

▲ '강남 맛집' 키워드의 문서량

▲ '강남 분위기 좋은 레스토랑' 키워드의 문서량

▲ '강남 레스토랑' 키워드의 문서량

뿐만 아니라 '강남 맛집' 키워드의 통합검색 노출은 PC 기준으로 5개뿐이고 모바일도 현재 기준으로 통합검색에 블로그와 포스트를 포함한 리뷰에 5개가 노출 중이다. 수십만 건의 게시물 중 5위 안에 들어야 사람들이 많이 보게 된다는 뜻이다.

하지만 '강남 맛집'을 검색한 사람들이 꼭 레스토랑을 가고 싶을까? 강남 맛집을 검색한 사람들 중에는 떡볶이를 좋아하는 사람도 있고, 회를 좋아하는 사람도 있고, 고기를 좋아하는 사람도 있다. 그렇기 때문에 5위 안에 내 콘텐츠가 들어간다 하더라도 실제 구매가 얼마나 일어날지는 알 수 없다. 최악의 경우 한 명도 구매로 이어지지 않을 수 있다. 하지만 '강남 레스토랑'이나 '강남 분위기 좋은 레스토랑'을 검색하는 사람들은 레스토랑을 가기 위해서 검색하는 사람들이기 때문에 사진만 잘 찍고 콘텐츠만 사람들이 방문해보고 싶도록 작성한다면 해당 키워드를 검색하는 사람들을 내 고객으로 만들 수 있는 확률이 높은 것이다.

이처럼 조회 수가 높은 키워드를 활용하는 것이 좋을 수는 있겠지만 상대적으로 노출하기도 힘들고, 광고회사에 의뢰를 한다 하더라도 적지 않은 비용이 들기 때문에 무조건 대표 키워드만을 고집하지 않는 것이 좋다. 오히려 세부 키워드들이 마케팅에 더 도움이 될 수 있다는 점을 기억해야 한다.

통합검색에 블로그 섹션이 없어요.

사람들이 특정 단어를 검색했을 때 통합검색 내에서 해결하는 경우가 많으므로 블로그 섹션이 통합검색에 노출되는 것이 굉장히 중요하다. 하지만 통합검색 내에 블로그 섹션이 없는 경우를 종종 볼 수 있다. 보통 네이버에서 관리하는 키워드들이거나 사람들이 해당 검색어로 검색 후 블로그보다는 다른 영역의 글을 많이 보기 때문에 설정된 경우가 많다. 따라서 키워드를 잡고 상위 노출을 하고자 할 때에는 반드시 통합검색 내에 블로그 섹션이 있는지 확인한 후 글을 써야 한다.

만약 통합검색 내에 블로그 섹션이 없는 경우엔 어떻게 해야 할까? 가장 좋은 방법은 다른 키워드나 세부 키워드를 잡는 것이다. 최근 모바일에 대한 비중이 많이 늘긴 했지만 여전히 PC에서 정보를 검색하는 경우도 굉장히 많기 때문에 PC의 통합검색 내에 블로그 섹션이 있는 키워드를 사용하는 것이 좋다. 만약 세부 키워드가 아닌 특정 키워드를 반드시 사용해야 하는 경우라면 해당 키워드의 통합검색 내에 다른 영역 (카페, 지식인, 포스트 등)을 활용하는 방법도 고려하는 것이 좋다.

'재취업' 키워드를 검색하면 다음과 같이 통합검색 내에 블로그 섹션이 뜨지 않는다. 가장 먼저 연관검색어, 사이트, 포스트, 카페 순서로 노출된다. 이런 키워드의 경우 포스트에 콘텐츠를 작성하는 것이 노출에 가장 효과적이다.

띄어쓰기에 따른 키워드

띄어쓰기에 따라서도 키워드를 검색한 결괏값이 다르게 나온다. '강남맛집'과 '강남 맛집'의 검색결과를 보면 1위와 3위는 동일하지만 2위와 4위는 다른 검색 결과가 나타난다. 이처럼 동일한 키워드라도 노출되는 순서가 달라질 수 있기 때문에 키워드를 설정하기 전에 미리 네이버에서 검색을 해 보는 과정이 필요하다.

▲ '강남맛집' 검색 화면

▲ '강남 맛집' 검색 화면

그럼 띄어쓰기 기준은 어떻게 잡아야 할까? 가장 좋은 방법은 '자동완성어'를 확인하는 것이다. 자동완성어는 사람들이 많이 검색한 그대로 키워드가 생성되고, 검색하다가 자동완성어가 표시되면 그대로 클릭하는 경우가 많기 때문에 자동완성어로 만들어진 띄어쓰기 그대로 키워드를 활용하는 것이 좋다. 예를 들면 '강남맛집'을 찾기 위해서 '강남'이라고 검색하면 자동완성어는 '강남 맛집'으로 자동완성어가 만들어진다. '강남맛집'보다는 '강남 맛집' 키워드가 더 효율적이란 뜻이다.

PC와 모바일의 자동완성어 결괏값이 다를 수 있다는 점도 기억해야 한다. '강남'이라고 검색하면 PC는 '강남고속버스터미널', '강남구청인터넷수능방송', '강남운전면허시험장' 다음으로 4번째에 '강남 맛집'이 나오는 데 반해 모바일은 '강남고속버스터미널' 바로 다음인 2번째에 '강남 맛집'이 나온다. 따라서 내 콘텐츠가 PC에서 많이 찾는 콘텐츠라면 PC 자동완성어 값을, 모바일에서 많이 찾는 콘텐츠라면 모바일 자동완성어 값을 반영해야 한다.

▲ PC의 '강남' 자동완성어

▲ 모바일의 '강남' 자동완성어

：돈 되는 키워드를 추출하는 꿀팁：

내가 만약 강남역에서 고깃집을 운영한다고 가정해 보자. 블로그에 홍보를 하고자 할 때 어떤 키워드를 써야 할까? 키워드에 대한 이해가 부족할 때 가장 좋은 방법은 내가 생각나는 대로 검색을 해 보는 것이다. '강남역 고기집', '강남역 맛집' 등이 있을 것이다. 이 키워드를 기준으로 가장 처음 살펴볼 것은 자동완성어이다. '강남역 맛집' 검색 시 PC와 모바일이 순서는 다르지만 자동완성어로 '강남역 맛집 베스트 10', '강남역 맛집 저렴', '강남역 맛집 고기', '강남역 맛집 베스트', '강남역 맛집 점심', '강남역 맛집 존맛', '강남역 맛집 주차', '강남역 맛집 포장', '강남역 맛집 한식', '강남역맛집추천', '신분당선 강남역 맛집'이 표시된다. 자동완성어 중 고깃집을 운영하고자 하는 운영자에게 해당되지 않는 키워드는 하나도 없다. 심지어 '강남역 맛집 주차' 키워드도 주차공간이 없으면 주차 가능한 곳이 주변에 있다고 소개하면서 콘텐츠를 작성하면 되기 때문에 문제될 것은 없다. '강남역 맛집' 검색 한 번으로 내가 활용할 수 있는 키워드를 12개나 얻은 것이다.

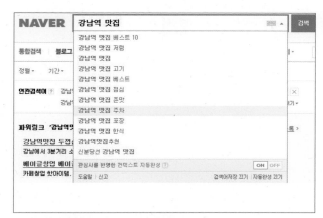

▲ PC와 모바일의 '강남역 맛집' 자동완성어

이번에는 내가 얻은 12개의 키워드 중에 '강남역 맛집'을 제외한 11개의 키워드를 다시 검색해 보자. 이렇게 검색을 해서 다른 자동완성어가 표시되면 활용하고, 표시되지 않으면 다음 단계로 넘어가면 된다.

두 번째로 살펴볼 부분은 연관검색어이다. '강남역 맛집'의 연관검색어를 보면 다음과 같다. 자동완성어와 겹치지 않는 '강남역 술집', '강남역 점심 맛집' 등 새롭게 활용할 수 있는 키워드 2개가 더 생긴 것이다. 그럼 '강남역 맛집'을 제외한 자동완성어에서 얻은 키워드 11개와 연관검색어에서 얻은 키워드 2개를 포함해서 총 13개의 키워드를 얻은 것이다.

◀ '강남역 맛집'의 연관검색어

이제 이 13개의 키워드를 모두 검색해본다. 앞에서 해 본 것처럼 이 키워드 중에서 자동완성어에서 얻을 수 있는 키워드는 없지만, 13개의 키워드에 따른 연관검색어들을 또 추출할 수 있기 때문이다. '강남역 맛집 베스트 10'을 검색하면 연관검색어에서 '강남역 분위기 맛집', '강남역 근처 맛집', '강남역 고기집', '강남역 회식장소', '강남역 데이트 맛집'이라는 5개의 키워드를 추가로 얻을 수 있고, '강남역 술집'을 검색하면 자동완성어에서 '강남역 술집 추천', '강남역 술집 맛집', '강남역 술집 저렴', '강남역 술집 존맛'이라는 4개의 키워드를 추가로 얻을 수 있다. 또 연관검색어에서는 '강남 분위기 좋은 술집'이라는 키워드도 얻을 수 있다.

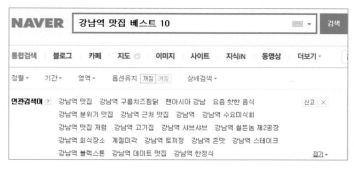

◀ '강남역 맛집 베스트 10'의
  연관검색어

◀ '강남역 술집'의 자동완성어

이렇게 계속 키워드들을 추가해 가면서 해당 키워드들을 다시 재검색해 자동완성어와 연관검색어들을 활용한다면 내가 활용할 수 있는 키워드들을 많이 추출할 수 있다. 이 키워드들을 활용하여 블로그 포스팅을 작성하면 되는 것이다.

마지막으로 살펴볼 부분은 경쟁사나 유명한 곳들이다. 닭갈비집을 운영하고자 할 때 '여수 닭갈비'라고 검색을 해서 상위에 노출된 블로그 글을 보고 해당 브랜드를 체크하거나 실제로 유명한 곳을 검색해보는 것이다.

◀ '여수 닭갈비' 검색 결과

현지에서는 '여수 닭갈비' 중 '닭익는마을'이 굉장히 유명하다. 다시 '여수 닭익는마을'을 검색해 보자. 이때 블로거들이 올려놓은 '여수 소호동 맛집, 여수닭갈비, 여수여천맛집' 등의 키워드를 새롭게 확인할 수 있다. 이러한 방법을 사용하면 실제 현지 맛집들의 키워드를 추출할 수 있다.

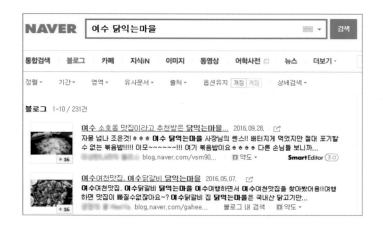

유명 브랜드를 더 효율적으로 체크할 수 있는 방법도 있다. '여수 닭익는마을'을 검색한 상태에서 정렬을 '관련도순'이 아닌 '최신순'으로 하면, '여수회식장소, 여천터미널맛집' 등 최근에 활용되고 있는 더 다양한 키워드를 추가로 추출할 수 있다.('정렬' 메뉴가 보이지 않는 경우 오른쪽 상단의 [검색옵션]에서 지정할 수 있다.)

연관검색어와 자동완성어를 활용하여 키워드 찾기

■ 연관검색어와 자동완성어를 활용해 키워드 목록 뽑기

메인 키워드	연관검색어	자동완성어

■ 블로그 이웃 30명에게 댓글이나 공감 달아주기
■ 1일 1포스팅하기

일 차	키워드	제목	본문 콘셉트
1일 차			
2일 차			
3일 차			
4일 차			
5일 차			
6일 차			
7일 차			

08 WEEKS

블로그 최적화
테스트하기

++
BLOG
MARKETING

그동안 매일 포스팅을 하고 서로이웃 추가 후 이웃들과 열심히 소통했다면 내 블로그가 콘텐츠를 노출시키기에 최적의 조건이 되었는지 테스트해 볼 수 있다. 최적화 테스트 방법은 직접 블로그에 글을 올려보는 것이다. 지금까지 블로그 포스팅에 대해 배웠던 것을 토대로 최적화 테스트를 해 보자.

: 내 블로그 최적화, 어떻게 확인할 수 있을까? :

내 블로그의 최적화 여부를 확인하는 방법은 간단하다. 특정 키워드를 사용하여 포스팅한 후 블로그 탭에 노출되는 정도를 살펴보는 것이다. 다음 표에 제시된 작성 기준을 토대로 포스팅을 작성해 보자.

- **키워드** : 블로그마케팅전략
- **제목** : 키워드를 사용하여 제목 만들기

  예 블로그마케팅전략 관련 추천도서예요!
- **본문**
  - 첫 번째 문단에 키워드를 넣는다. 첫 번째 문단은 처음 글을 쓴 문단을 의미한다.
  - 내용과 관련된 사진을 10장 이상 삽입한다.
  - 제목과 첫 번째 문단 외에 키워드를 3번 정도 삽입한다.

  * 키워드는 문장 속에서 자연스럽게 녹아들도록 삽입한다.

PC에서 최적화 확인하기

콘텐츠 작성 후 글이 반영되어 블로그 영역에 글이 노출되는 데 걸리는 시간은 약 10~30분 정도다. 10~30분 후에 키워드인 '블로그마케팅전략'으로 검색해 보자. '블로그마케팅전략'으로 검색했을 때 내가 올린 콘텐츠가 블로그 탭 1~2페이지 이내에 노출된다면 최적화가 되었다는 것을 의미한다.

▲ 키워드 입력하여 블로그 최적화 확인하기

만약 시간이 지나도 내 콘텐츠가 노출되지 않는다면 오른쪽 상단의 [검색옵션]을 클릭하여 정렬을 '최신순'으로 변경해 보자. 그럼 최신 순서대로 콘텐츠들이 다시 정렬된다. 보통 콘텐츠가 반영되기까지 10~30분 정도의 시간이 소요되지만 프로그램이 반영하다보니 시간이 더 걸리기도 한다. 내가 쓴 글이 1시간 전이라면 나보다 최신 콘텐츠가 없기 때문에 아직 반영이 안 된 것이라 생각하면 된다. 하지만 내 글이 3시간 전에 썼음에도 불구하고 최신글에 노출되지 않고 1시간 전에 작성된 콘텐츠들이 노출되고 있다면 내 글이, 혹은 내 블로그에 문제가 생겼다는 것을 의미한다. 이렇게 노출이 되지 않는 문제가 생긴 경우 이전에는 네이버에 반영 요청을 하면 정정해 주는 경우가 많았지만 요즘은 답변을 주지 않는다. 문제가 있어 노출이 되지 않는 콘텐츠는 과감하게 삭제하는 것이 좋다.

만약 내 콘텐츠가 '최신순' 정렬 시에는 노출되지만 '정확도순'으로 정렬했을 때 1~2페이지 내에 노출되지 않는다면 아직 최적화된 것이 아니므로 블로그 지수를 더 쌓은 후에 다시 테스트한다.

▲ 블로그 최신순으로 정렬

모바일 최적화 확인하기

'블로그마케팅전략'을 모바일에서도 검색해 보자. PC와 모바일의 검색 결괏값이 다르다는 것을 알 수 있다. 결괏값이 다르게 보이는 이유는 바로 '통합검색' 때문이다. PC의 경우 통합검색에서 '블로그/웹문서/카페/지식인' 등으로 확실하게 영역이 구분되어 있기 때문에 블로그 영역 순위 그대로 나오지만 모바일은 통합검색에서 '블로그/카페/지식in' 등으로 영역이 구분되지 않고 다양한 섹션이 섞여 노출되기 때문에 블로그 섹션 순위와는 다르게 나온다. 따라서 모바일에서 최적화 여부는 통합검색이 아닌 블로그 섹션에서 확인해야 한다.

▲ PC 통합검색 화면에서 최적화 확인하기

▲ 블로그 영역에서 확인 가능한 모바일 최적화 여부

아직 최적화가 되지 않았다면

만약 1~2페이지 이내에 내 블로그가 노출되지 않는다면 어떻게 해야 할까? 1~2페이지 이내에 노출되지 않는다면 아직 최적화가 되기 전이라는 것을 의미한다. 최근에는 최적화 블로그 인증이 자주 이루어지지 않는데 이것은 시기마다 바뀌게 되므로 실망하지 말고 꾸준히 포스팅을 해야 한다. 또 1주 차부터 되짚어보면서 내가 빠뜨린 것은 없는지 체크하고 보름 정도 다시 최적화하는 방법대로 운영해 보자. 당장 블로그가 최적화되지 않더라도 지금까지의 포스팅 수, 이웃과의 소통 등으로 충분한 점수가 쌓였기 때문에 원하는 마케팅을 하는 데 도움이 될 것이다.

: 최적화 이후가 더 중요하다 :

무엇보다 중요한 것은 지금까지 해왔던 것처럼 1일 1포스팅을 꾸준히 해야 한다는 점이다. 최적화가 되었다고 해서 이웃과의 소통을 소홀히 하거나 블로그 포스팅을 띄엄띄엄하면 어느 순간 블로그 클릭률이 줄어들어 잠재고객 확보에 어려움을 겪을 수 있다. 내최고의 마케팅 수단인 블로그 관리를 소홀히 하지 말아야 한다.

SNS 매체를 활용하여 블로그로 방문을 유도하라

블로그 최적화 이후 이 상태를 계속 유지하기 위해서는 내 블로그로의 유입 인구를 늘려야 한다. 블로그의 가장 큰 장점 중 하나는 짧은 글로만 표현해야 하는 페이스북이나 인스타그램을 비롯한 SNS에 비해 양질의 콘텐츠를 작성할 수 있다는 점이다. 따라서 내 블로그의 콘텐츠 링크를 카카오스토리나 페이스북 등에 함께 올리면 양질의 콘텐츠를 보기 위해서 내 블로그에 방문하게 될 것이다. 네이버가 아닌 다른 매체에서 네이버로 유입된 것이므로 블로그 지수 상승에 큰 역할을 한다.

▲ 페이스북에 블로그 콘텐츠 링크를 삽입하여 블로그 방문 유도하기

주제가 있는 콘텐츠 위주로 포스팅하라

최적화가 되고 난 후에는 블로그에 일상 글이나 무의미한 글들을 많이 쓰는 것은 최적화를 유지하는 데 큰 도움이 되지는 않는다. 초기에는 처음부터 양질의 콘텐츠를 만들려고 하면 시작이 어렵기 때문에 쉽게 접근하기 위해서 일상 글을 많이 썼지만 최적화가 된 후부터는 일상 글보다는 내가 정한 주제에 맞는 콘텐츠들을 꾸준히 올리는 것이 더 중요하다. 예전엔 상업적인 글과 일상 글을 적당히 섞어 올리는 것이 좋았지만, 최근에는 한 주제에 관한 유용한 정보를 많이 다루는 블로그 위주로 노출시켜 주기 때문에 선정한 주제에 따른 콘텐츠들을 꾸준히 올리는 것이 더 좋다.

- '블로그마케팅전략' 키워드로 포스팅하여 최적화 테스트하기
- 블로그 이웃 30명에게 댓글이나 공감 달아주기
- 1일 1포스팅하기

일 차	키워드	제목	본문 콘셉트
1일 차			
2일 차			
3일 차			
4일 차			
5일 차			
6일 차			
7일 차			

02

블로그로
수익 창출하기

8주 동안 꾸준히 콘텐츠를 쌓고, 이웃과의 소통을 활발하게 해 블로그가 최적화되었다면 이제 본격적으로 수익을 창출할 수 있는 마케팅 활동을 시작해도 좋다. 이번 파트에서는 내가 만든 양질의 콘텐츠를 수많은 잠재고객들이 접한 후 구매 전환으로까지 이어져 수익을 만들어 낼 수 있는 방법을 알아보고자 한다.

또, 블로그 마케팅의 최고의 적은 바로 '저품질'이다. '적을 알고 나를 알면 백전백승'이라는 말이 있듯이 나도 모르는 사이 노출 제한이라는 제제를 받는 '저품질'의 의미와 원인을 알아보고 예방할 수 있는 방법도 함께 고민해보자.

수익 창출을 위한
상위 노출 비법

사람들이 콘텐츠를 보고 구매 전환을 하는 콘텐츠 시대가 되었지만, 그것도 사람들이 콘텐츠를 접했을 경우에 가능한 이야기이다. 아무리 좋은 콘텐츠를 가지고 있다 하더라도 사람들이 접하지 못한다면 그 콘텐츠는 허상에 불과하기 때문에 사람들이 내가 가지고 있는 양질의 콘텐츠를 접할 수 있도록 상위에 노출되는 것이 중요하다. 이번 주 차에서는 상위 노출의 정확한 의미와 수익으로까지 연결될 수 있는 상위 노출방법을 자세하게 알아보도록 하자.

: 검색 상위 노출의 의미와 방법 :

검색 상위 노출이란 무엇이고 어떻게 해야 상위 노출이 되어 검색자들에게 내 콘텐츠를 수시로 보여줄 수 있는지 알아보자.

상위 노출이란?

블로그를 운영하다보면 상위 노출이라는 단어를 종종 접하게 된다. 상위 노출이란 말 그대로 특정 검색어로 검색했을 때 다른 블로그의 글보다 상위에 노출되는 것을 의미한다. 사람들은 검색할 때 상위에 노출된 콘텐츠부터 클릭하기 때문에 블로그 방문자 수 확보나 이웃 확보에 더 유리할 뿐만 아니라 잠재고객 확보에도 용이하다.

상위 노출의 좀 더 정확한 의미는 통합검색창에 노출되는 것을 말한다. '여수맛집'을 검색했을 때의 결과를 예로 보자. '여수맛집'으로 검색 시 '연관검색어, 파워링크, 블로그, 카페, 포스트, 지식in, 웹문서, 뉴스, 지도, 매거진, 전문정보' 순으로 관련 내용이 표시된다.

▲ '여수맛집' 검색 결과

통합검색 결과 중 블로그 영역에는 5개의 콘텐츠가 표시된다. 대부분의 사람들은 통합 검색 내에서 원하는 정보를 얻고, 이후 더 많은 정보를 얻고 싶은 경우에만 '블로그 더보기'를 클릭하여 추가 정보를 얻는다. 처음부터 블로그 영역을 클릭하여 정보를 얻는 사람은 많지 않다.

이처럼 사람들이 가장 많이 보는 통합검색 내에 콘텐츠가 보이는 1위에서 5위까지를 상위 노출이라고 한다. 무조건 1위에 노출하려고 노력할 필요는 없다. 1위라고 많이 보고 5위라고 많이 보지 않는 것은 아니기 때문이다. 1~5위 사이의 클릭 수는 큰 차이가 없지만 상위 노출이 되는 5위와 상위 노출이 되지 않는 6위 사이에는 '블로그 더보기'를 클릭해야 하는 수고로움이 있기 때문에 클릭 수 차이가 크다. 블로그를 할 때 가장 중요한 것은 당연히 양질의 콘텐츠지만, 우선 내 콘텐츠가 노출되어야 양질의 이를 전달할 수 있기 때문에 상위 노출이 중요한 것이다.

▲ '여수맛집' 블로그 영역 상위 노출 글 목록

하지만 통합검색에 무조건 5개가 노출되는 것은 아니다. 보통 5개 정도 노출되지만 2~3개만 노출되는 경우도 있다. 포스팅 작성 전에 5개 이하로 노출되는 키워드는 아닌지 확인해 보고, 최대로 노출되는 키워드를 사용하는 것이 좋다. 통합검색에 3개 이하로 노출되는 키워드라면 5개까지 노출되는 키워드보다 상대적으로 노출할 수 있는 공간이 적다는 것이므로 웬만하면 5개가 노출되는 키워드를 활용하는 것이 좋다.

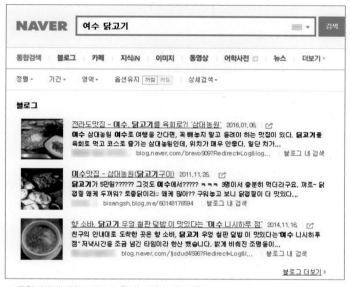

▲ 통합검색에 상위 3개가 노출되는 '여수 닭고기'

이번엔 모바일의 통합검색을 보자. '여수 닭갈비'를 검색하면 모바일 통합검색에 '블로그, 카페, 지식인' 등으로 각 영역이 구분되지 않고 'view' 영역에 블로그와 카페가 섞여 노출된다. 또, 'KT 요금제'를 검색하면, 모바일 통합검색에 '블로그, 지식in, 카페, 웹문서'가 섞여 노출되고 있다. 이처럼 모바일 통합검색은 PC와 같이 영역이 구분되지 않고, 블로그나 카페가 섞여

▲ 여러 영역이 함께 노출되는 모바일 통합검색

'view' 영역에 노출되거나 블로그, 카페, 지식in, 웹문서가 섞여 한꺼번에 노출된다.

메인 키워드에만 집중하지 말자!

앞서 예로 강남에서 고깃집을 한다고 가정했을 때 조사한 키워드 중 '강남맛집'과 같이 포스팅 수가 많고 경쟁이 치열한 키워드로 상위 노출을 하기란 쉽지 않기 때문에 메인 키워드(경쟁이 치열한 키워드)에 집중하기보다는 상위 노출이 쉬운 세부 키워드 여러 개를 상위 노출시키는 것이 더 효과적이라고 이야기했다. 1개의 메인 키워드를 상위 노출시키는 데 필요한 시간과 노력 대비 세부 키워드 4~5개를 상위 노출시키는 것이 더 낫다는 이야기다. 따라서 네이버 키워드 스테이션에서 조사한 키워드를 하나씩 확인해 경쟁이 덜한 키워드부터 포스팅해 상위에 노출시키고 마지막에 메인 키워드를 노출시키는 전략으로 포스팅을 해야 한다.

그 이유는 '강남맛집'을 검색한 사람들 중 고기를 먹으러 가는 사람들이 아닌 경우도 많을 것이고 이렇게 검색을 한 사람들은 대부분 아직 정확한 먹거리 종류를 결정하지 않은 상태에서 사전 조사를 하는 사람들이므로 직접적인 타깃이기보다는 넓은 의미의 타깃 고객이기 때문이다. 따라서 '강남맛집'과 같이 많은 사람들이 보는 메인 키워드의 상위 노출보다는 '강남 고깃집', '강남맛집 주차장'과 같이 직접적인 세부 키워드 여러 개를 상위 노출시키는 것이 더 확실한 효과를 가져다 줄 것이다.

: 상위 노출을 위한 꿀팁 :

내 블로그를 다른 사람보다 좀 더 빠른 시간 안에 상위에 노출시키기 위해서는 기억해야 할 몇 가지 팁이 있다. 같은 내용의 글을 쓴다 하더라도 어떤 형식으로 작성하느냐에 따라 노출 순위가 달라질 수 있으니 다음 팁을 참고하여 포스팅해 보자.

제목에 키워드를 넣어라

사람들이 네이버에서 '제주도맛집'이라고 검색을 한 후 블로그 내용을 선택하여 읽을 때 어떤 것을 보고 클릭할까? 바로 제목이다. 보통 블로그 제목을 보고 클릭하기 때문에 제목에 사람들이 주로 검색하는 키워드가 반드시 포함되어 있어야 한다. 네이버에서도 유용한 콘텐츠를 검색자에게 보여주기 위해서 제목에 키워드가 들어가 있는 콘텐츠들을 보여줄 수밖에 없다. 내가 머릿속으로 '제주도맛집'이라는 키워드를 상위 노출시키기 위해 열심히 글을 작성한다 하더라도 제목에 '제주도맛집'이라는 단어가 없다면 네이버는 이 콘텐츠가 '제주도맛집'에 관련된 글임을 알 수 없기 때문에 노출시켜 주지 않는다. 따라서 내가 노출하고 싶은 키워드가 제목에 반드시 들어가도록 작성해야 한다.

▲ 제목과 본문에 키워드가 포함된 PC 검색 결과

▲ 제목과 본문에 키워드가 포함된 모바일 검색 결과

이기용의 × 한 마 디 !

제목에 키워드 개수는 몇 개가 좋을까?

제목에 키워드는 한 개만 쓰는 것이 좋고, 최대 2개까지가 적당하다. 제목에 너무 많은 키워드가 들어가는 것은 좋지 않다. 콘텐츠 하나에 여러 개의 키워드를 사용하여 노출하기 위해 제목에 키워드를 나열하는 경우가 있다. 하지만 이것은 광고로 인식되기 쉽고, 어떤 콘텐츠가 담긴 게시글인지 한눈에 알기 어려워 클릭을 꺼리게 된다. 예를 들어 제목을 '홍대미용실/홍대헤어샵/홍대펌/홍대머리잘하는곳/홍대볼륨매직/홍대염색'이라고 작성하면 사람들은 이 콘텐츠가 홍대미용실에 관련된 콘텐츠인지, 홍대염색에 관련된 콘텐츠인지, 홍대펌에 관련된 콘텐츠인지 구분하기 어려워 자연스럽게 클릭을 하지 않게 될 것이다. 반면, '홍대미용실에서 머리 예쁘게 하고 왔어요'라고 제목을 작성하면 사람들은 홍대미용실에 관련된 유용한 콘텐츠라 생각하고 클릭하게 될 것이다.

본문 첫 문단에 키워드를 넣어라

블로그 포스팅에서 첫 문단은 굉장히 중요하다. 첫 문단에 키워드가 들어가면 네이버는 정확한 정보라고 인지하게 된다. 네이버에서 키워드를 검색하면 제목 바로 밑에 두 줄 정도 본문의 내용이 표시된다. 두 줄이 보통 첫 문단에 속하는데 키워드는 진하게 표시되어 확인이 쉽다.

▲ 첫 문단에 키워드가 포함된 검색 화면

첫 번째 문단을 주의하라!

키워드를 '의정부 로데오거리 맛집'으로 잡고 제목을 '의정부 로데오거리 맛집 일본수타우동 면장'으로 썼다면 첫 문단의 문장 속에 키워드인 '의정부 로데오거리 맛집'을 자연스럽게 나열해야 한다. 그런데 첫 번째 문단 속에 제목인 '의정부 로데오거리 맛집 일본수타우동 면장'을 그대로 써 넣는 경우가 종종 있다.

네이버는 검색 노출을 시켜줄 때 사람이 직접 글 하나하나를 살펴보고 콘텐츠를 선정하는 것이 아니라 검색엔진 로봇이 노출을 결정하다 보니 일정한 패턴을 가진 글 형식은 상위 노출을 위해 의도적으로 작성된 콘텐츠로 인지하여 노출을 잘 시켜주지 않을 수 있으므로 주의해야 한다.

▲ 제목과 첫 번째 문단이 같은 블로그 글

첫 문단에 사람들이 궁금해하는 내용을 담아 관심을 유발하라

첫 문단이 중요한 이유는 사람들이 제목을 보고 클릭하여 콘텐츠에 들어갔을 때, 이 글을 볼 것인지 말 것인지 첫 번째 문단을 보고 결정하기 때문이다. 따라서 첫 문단에 글을 쓸 때에는 검색하는 사람들이 궁금해하거나 관심 있어 하는 내용들을 먼저 써 주는 것이 좋다. 제목을 잘 작성하여 많은 사람들이 방문하더라도 나에게 필요한 정보가 없을 것 같거나 보는 데 불편한 글들을 굳이 볼 이유가 없기 때문이다.

예를 들어, 임산부가 '임산부운동' 키워드로 노출된 글을 본다고 가정해 보자. 대부분의 임산부들은 임신 기간 동안 허리 통증으로 고생을 하기 때문에 첫 문단 속에 '허리통증'이라는 단어가 있는 글을 관심 있게 보게 된다.

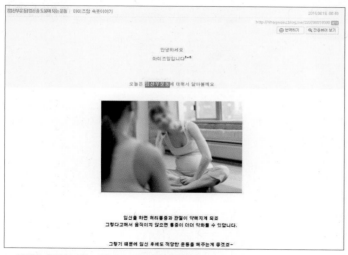

▲ 검색자가 관심 있는 내용으로 첫 문단을 작성한 글

사진이나 동영상을 적절히 활용하라

블로그에는 체류 시간이라는 것이 존재한다. 말 그대로 내 블로그에 접속하여 체류한 시간을 의미한다. 네이버 검색로봇은 해당 콘텐츠를 오랫동안 보는 것을 유용한 콘텐츠라고 인식하기 때문에 내 블로그에 오랫동안 머무는 시간을 늘리는 것이 중요하다. 방문객의 체류시간을 늘리는 데는 사진이나 동영상 등 다양한 미디어가 큰 역할을 한다.

사진이나 동영상을 활용한 콘텐츠는 가독성을 높여 체류시간을 늘려준다. 다음 포스팅을 비교해보자. '위를 건강하게 하는 식품'이 궁금해서 콘텐츠를 찾았을 때의 검색 결과이다. 하나는 텍스트로만 이루어진 글이고, 다른 하나는 사진과 텍스트가 적절히 조합되어 있는 글이다. 여러분이라면 어떤 글을 더 집중하면서 보겠는가?

▲ 텍스트와 사진을 적절히 배치하여 가독성이 좋은 글

▲ 텍스트로만 작성되어 가독성이 좋지 않은 글

또, 네이버 검색로봇은 텍스트만 있는 콘텐츠보다는 사진이나 영상들이 있는 콘텐츠가 더 유용한 정보라고 인식한다. 따라서 같은 내용의 글이라도 사진이나 영상을 적절히 활용하여 작성하는 것이 좋다.

이기용의 한 마디!

적절한 사진 활용법

사진을 많이 넣는 것도 좋지만 다른 사람들이 보기에 불편한 사진들을 넣으면 안 된다. 하나의 포스팅에 10~15장 정도의 사진이 들어가야 한다고 해서 억지로 사진 개수를 채우기 위해 흔들린 사진이나 전혀 관련 없는 사진을 삽입하는 경우도 있다. 하지만 이런 사진이 포함된 글은 보는 사람이 불편함을 느끼기 때문에 사람들을 끌어모으기보다는 오히려 콘텐츠를 외면하여 체류시간이 짧아지게 되고, 심하면 글을 더 보지 않고 바로 나가게 될 것이다. 그럼 내가 말하고자 하는 내용을 제대로 전달할 수 없을 뿐만 아니라 방문자의 체류시간도 짧아져 네이버는 해당 블로그를 유용하지 않은 정보로 인식하고 상위 노출을 막는다.

본문 중간중간 키워드를 넣어라

제목과 첫 번째 문단에 키워드를 넣는 이유와 같다. 네이버는 해당 콘텐츠가 정확한 정보인지를 파악할 때 키워드가 얼마나 들어가 있는지로 확인한다. 예를 들어 '사과의 효능'이라는 키워드로 글을 쓸 때 '사과의 효능'이라는 단어가 글 속에 없으면 검색로봇은 해당 포스트가 '사과의 효능'에 대한 정보를 담은 콘텐츠라고 인식하지 않는다. 키워드인 '사과의 효능'을 본문 속에 적절히 활용하면 정확한 콘텐츠라고 판단한다.

하지만 단순히 키워드를 사용하기 위해 어색하게 키워드만 나열하는 것도 지양해야 한다. 예를 들어 '의정부 로데오거리 맛집'이라는 키워드로 글을 썼을 때 다음 두 글 중 어떤 것이 더 자연스러운가? 첫 번째 글은 키워드를 억지로 끼워 넣어서 읽기 불편하지만 두 번째 글은 키워드를 자연스럽게 녹여내 불편함 없이 잘 읽힌다.

> 의정부 함박스톤은 중앙로거리 근처에 잇는 맛집인데요.
> 매장을 방문해보니 도시는 분들이 많아서 실례될까봐 따로 매장사진은 못직었네요... ㅇㅇ
> 의정부로데오거리 맛집 함박스톤 메뉴판입니다.

▲ 키워드를 억지로 끼워 넣은 글

> 우선 멜트는 요즘 많이 생기는 퓨전 이탈리아 음식점이 아닌, 정말 제대로 된 이탈리아 레스토랑 같았어요.
> 그리고 조명과 인테리어가 예뻐서 소개팅 하기에 좋겠다는!
> 신랑이랑 저는 소개팅하는 상황극을 둘이서 해봤는데 오글오글 ㅋㅋㅋㅋ
> 다음에 가게되면 평소 접해보지 못했던 색다른 이탈리아 요리를 먹어보려구요.
> 의정부 로데오거리 맛집으로 인정 꽝꽝

▲ 키워드가 자연스럽게 들어가 있는 글

본문 속 적절한 키워드 개수는?

키워드를 너무 많이 넣는 것도 좋지 않다. 키워드를 너무 많이 넣으면 정확하고 유용한 콘텐츠라고 생각하기보다는 일부러 상위 노출을 하기 위한 의도적인 콘텐츠라고 생각할 수 있기 때문이다. 과유불급이라는 말이 있다. 욕심 부리지 말고 본문에 키워드는 3~5회 정도만 넣자.

텍스트는 1,500자 이상 써라

네이버 검색로봇은 관련된 내용이 많아야 유용한 정보라고 판단하므로, 텍스트는 1,500
자 이상 써 주는 것이 좋다. 네이버 검색로봇 때문이 아니라도 어느 정도의 글이 있어야
방문자들이 한눈에 이 포스팅은 정보를 잘 정리해 올린 것이구나라고 인식하게 되므로
글을 일목요연하게 잘 정리해 1,500자 이상 작성하도록 하자.

가독성을 고려해 본문을 편집하라

동일한 내용의 텍스트라 하더라도 방문자 입장에서 보기 편하도록 편집하는 것이 좋다.
하나의 문단은 가로 길이를 가득 채워 텍스트를 입력하기보다는 적당한 길이에서 잘라
줄 바꿈을 해주는 것이 좋다. 다음 이미지처럼 입력 영역이 가득 차도록 글을 쓰면 가독
성이 떨어져 포스팅 전체를 읽을 확률이 낮아진다.

▲ 가독성이 떨어지는 PC 글

모바일에서도 마찬가지이다. 화면 크기에 맞춰 문장의 줄이 나누어져 표시되기 때문에
예상치 못한 곳에서 줄이 바뀔 수 있다. 한 줄에 20자 내외의 글자 수 정도면 모바일에서
글자가 잘리지 않아 불편함 없이 편하게 글을 읽을 수 있다.

▲ 가독성이 좋지 않은 모바일 글

▲ 가독성이 좋은 모바일 글

사진을 활용할 때 가독성을 고려해 편집한다

사진을 활용할 때에도 가독성을 고려해 텍스트를 편집하는 것이 좋다. 사진과 글이 붙어 있으면 글이 쉽게 읽히지 않고 답답해 보일 수 있다. 사진과 텍스트 사이에는 3~4줄 정도 빈 공간을 주는 것이 좋다. 줄 간격도 200% 정도로 지정하면 가독성을 높이는 데 큰 역할을 한다.

▲ 3~4줄의 간격이 있는 글자와 텍스트

▲ 200% 정도의 줄간격 설정

: 검색 상위 노출을 위한 과정 :

블로그 상위 노출을 위해서는 첫 번째로 블로그 지수가 높아야 한다. 일반적으로 최적화 블로그를 만드는 이유도 블로그 지수 향상을 위해서이다. 두 번째는 앞서 언급했던 방법들로 콘텐츠를 작성해야 한다. 마지막은 블로그 지수가 높은 블로그에 상위 노출 방법대로 콘텐츠를 작성한 상태에서 '댓글, 공감, 스크랩, 조회 수' 등으로 이 콘텐츠가 유용한 콘텐츠임을 인식시켜 주는 것이다. 댓글, 공감 등을 프로그램이나 품앗이 등의 어뷰징 행위를 통해 강제적으로 늘리는 경우엔 제재를 받을 수 있기 때문에 정상적인 방법을 사용하는 것이 좋다.

댓글이나 공감, 조회 수를 올리는 방법은 내 이웃들이 블로그를 많이 할 시간에 콘텐츠를 등록하는 것이다. 이웃들이 블로그를 하면서 이웃 최신글에 내 글이 표시되면 자연스럽게 방문하게 되고 조회 수는 늘어난다. 따라서 콘텐츠를 작성하면서 첫 문단에 가볍게 안부('오늘은 날씨가 춥네요ㅠㅠ 이웃님들은 따뜻하게 입으셨나요?')를 묻는 글을 적는 것이 좋다. 댓글을 달기 어려운 콘텐츠여도 그 안부인사에 답이라도 하는 댓글을 달아주기 때문에 효과적으로 댓글이나 공감, 조회 수를 늘릴 수 있다.(사람들이 블로그를 많이 하는 시간은 출근시간, 점심시간, 퇴근시간, 자정이다.)

댓글, 공감, 조회 수와 더불어 좋은 콘텐츠로 인식되는 것이 스크랩이다. 스크랩은 '얼마나 좋은 콘텐츠면 가져가서 계속 보겠다고 가져가?'라고 생각하고 블로그에 점수를 많이 준다. 이 부분도 인위적으로 하는 경우에는 일정한 패턴이 생겨서 제재를 받을 수 있기 때문에 자발적으로 스크랩이 이루어지도록 유도해야 한다. 사람들이 자발적으로 스크랩을 하도록 하는 방법 중 하나는 이벤트를 진행하는 것이다. 이벤트를 통해서 사람들의 스크랩을 유도하거나 자발적으로 참여하되 불특정 다수의 사람들이 참여할 수 있도록 진행하는 것이 좋다.

- 음악선물 이벤트 -

이 최신가요 포스팅을 스크랩 해주시는 분들
모두에게 네이버 블로그 음악을 선물로 드리겠습니다^_^
스크랩해주신 유알엘과
블로그ID, 가수명, 노래제목을 댓글로 남겨주세요^_^

▲ 이벤트 참여 방법 ▲

1. 블로그 이웃신청을 해주세요.

2. 블로그 포스팅 (지금 이 페이지) 공유 해주세요.

3. 참여완료 후 댓글에 참여완료와 공유하신 포스팅 url을 적어주시면 됩니다.

모바일 통합검색은 검색 조회 수가 상위 노출의 기준이 된다. 기본적으로 PC 상위 노출이 되고 난 후 진행되며 모바일로 내 게시물을 검색하여 클릭한 후 조회 수를 늘리는 방법을 사용하면 상위 노출에 도움이 된다. 예를 들어, '강남맛집' 키워드로 콘텐츠를 작성한 후 웹상에서 '강남맛집'을 검색해서 내 글을 찾아 클릭하면 네이버는 내 콘텐츠가 유용한 정보라서 찾은 것이라 인식하게 된다. 하지만 자신이나 동일한 IP를 통해 계속 클릭하면 제재를 받게 되므로 여러 사람들이 다양한 지역에서 검색해 자신의 글을 클릭하도록 유도해야 한다.

: 노출을 오래 유지하는 팁 :

보통 상위 노출시키는 것을 '꽂는 힘'이라고 표현한다면, 상위 노출을 유지하는 것을 '버티는 힘'이라고 한다. 블로그 지수가 높은 블로그를 활용하여 지금까지 설명한 방법대로 콘텐츠를 올려서 상위 노출이 되었다고 하더라도 사람들이 꾸준히 클릭하지 않으면, 해당 콘텐츠를 유용한 정보라고 생각하지 않게 되어 오랫동안 노출이 유지되지 않는다.

사람들이 내 블로그를 방문하는 경우는 2가지이다. 하나는 블로그 이웃들이 방문하는 경우이고, 다른 하나는 특정 키워드를 검색해 내 블로그를 방문하는 경우이다. 블로그 이웃들이 상위 노출을 위한 단계였다면 키워드를 통한 검색은 노출을 유지시켜주는 단계라고 생각하면 된다.

따라서 검색을 통해 사람들이 많이 방문하게 하기 위해서는 똑같은 상위 노출 글이더라도 사람들의 주목을 끌 수 있는 제목과 대표 이미지 등을 활용해야 한다. 즉, 유용하고 좋은 콘텐츠여야 한다는 것이다. 또한 검색 방문자들도 콘텐츠에 댓글이나 공감이 많이 달리면 유용한 정보라고 생각하기 때문에 이웃들과 꾸준히 소통해야 한다.

상위 노출을 위한 콘텐츠 작성하기

■ 블로그 이웃 30명에게 댓글이나 공감 달아주기
■ 1일 1포스팅하기

일 차	키워드	제목	노출 순위	
1일 차			최초 노출	최고 노출
2일 차			최초 노출	최고 노출
3일 차			최초 노출	최고 노출
4일 차			최초 노출	최고 노출
5일 차			최초 노출	최고 노출
6일 차			최초 노출	최고 노출
7일 차			최초 노출	최고 노출

10 WEEKS

블로그 저품질에
주의하라!

그동안의 꾸준한 노력을 통해서 잘 만들어놓은 블로그가 하루아침에 노출 제한이 걸려 내 콘텐츠가 노출이 되지 않는 경우가 발생할 수 있다. 꾸준하게 사람들이 내 콘텐츠를 접하게 하기 위해서는 '저품질'의 의미와 그에 대한 대처법을 알고 있어야 한다. 10주 차에서는 저품질에 대해 많은 사람들이 궁금해 하는 것들을 정리하고, 저품질을 예방하기 위해서 어떻게 해야 하는지 알아보도록 하자.

: 블로그 저품질에 대한 궁금증 :

블로그를 운영하다보면 '저품질'이라는 단어를 자주 접하게 된다. 저품질은 말 그대로 품질이 낮다는 뜻이다. 네이버는 양질의 문서들을 제공하지 않거나 지나치게 상업적인 글들을 작성해서 소비자에게 유용한 정보를 제공하지 못하게 방해하는 블로그에 일종의 제재를 가하는데 그것을 '저품질'이라고 한다. 물론 네이버는 제제를 한다는 사실을 인정하고 있지 않지만 지속적으로 악성글을 쓰거나 동일한 내용이 기계적으로 올라온다면 양질의 콘텐츠를 노출해 신뢰를 확보하고자 하는 네이버의 입장에서는 제재할 수밖에 없을 것이다.

저품질 블로그가 되는 원인은 정확하게 밝혀진 것이 없다. 어떤 형태의 글을 작성했을 때인지, 얼마나 많은 기간 동안 상업적인 글을 작성했을 때인지 명확한 기준이 없다. 다만 네이버에서 공개하고 있는 유해문서와 스팸ㆍ어뷰징 문서의 기준으로 저품질의 원인을 생각할 수밖에 없다.

저품질이 되면 IP도 저품질이 된다?

네이버 공식 블로그에서 '블로그 검색 관련 소문 Top 10'이라는 제목의 글을 올린 적이 있다. 그중 첫 번째 소문이 '깨끗한 IP 주소에서 포스팅을 해야 한다?'였다. 결론부터 말하자면 'NO'이다. 네이버에서 밝힌 답변 중 일부는 다음과 같다.

평소 상업용 홍보성 포스팅을 많이 하는 IP 주소 대역에서 블로그 포스팅을 하면 검색 결과에서 불이익을 받는다는 소문이 있다. 그래서 이른바 '청정 IP 주소'를 쓰기 위해 중요한 포스팅은 외딴 섬으로 이동하여 하는 사례도 있다고 한다.

IP 주소와 관련된 부분은 스팸 필터와도 연관이 있다. 스팸 필터가 스팸 문서를 탐지하기 위해 사용하는 요소 중 IP 주소 정보도 있기 때문이다. 하지만 PC방 등의 공공장소에서 포스팅을 하거나 해외여행 중 외국에서 포스팅하는 등 정상적인 상황에서 매우 다양한 IP 주소가 사용될 수 있기 때문에 IP 주소 정보만으로는 해당 IP 주소 대역에서 생산된 문서가 스팸 문서인지 판단할 수 없다. 그래서 스팸 필터에서 활용하는 IP 주소 정보는 블로그의 생성에서 유통까지 스팸 문서의 여러 가지 특징적 패턴들과 결합했을 때만 영향을 준다. 따라서 보통의 정상적인 블로거라면 굳이 IP 주소를 신경 쓸 필요가 없고, 포스팅 중간에 IP 주소가 바뀌는 것 역시 일상생활에서 발생할 수 있는 상황이기 때문에 별다른 영향을 주지 않는다.

자료출처 블로그 검색 관련 소문 Top 10(http://blog.naver.com/naver_search/220760111725)

하지만 IP가 스팸 필터나 스팸 문서를 탐지하기 위해 사용하는 요소 중 하나인 것은 분명하다. 물론 블로그가 저품질이 걸렸다고 해서 해당 IP를 사용하면 안 되는 것은 아니지만 하나의 IP에서 여러 개의 블로그를 사용하는 것은 좋지 않다. 온라인 블로그 마케팅 대행사처럼 동일한 IP 주소 대역에서 여러 아이디로 다양한 글을 포스팅하는 경우엔 정상적인 블로그 이용 패턴이 아닌 것으로 판단될 가능성이 높기 때문이다.

내 블로그가 저품질에?

자신의 블로그가 저품질에 걸렸는지 여부는 어떻게 알 수 있을까? 보통 저품질은 크게 '3페이지 저품질'과 '블라인드 저품질'의 2가지 형태로 나타난다.

● 3페이지 저품질

3페이지 저품질은 말 그대로 내 콘텐츠를 3페이지부터 노출시켜 주는 것이다. 일반적으로 '강남맛집'을 검색하면 통합검색에서 정보를 얻으려고 한다. 하지만 최근에는 블로그에 광고글이 많다는 것을 인지하면서 자신이 원하는 정보를 찾기 위해 [블로그 더보기]를 클릭하여 더 많은 콘텐츠를 찾기도 한다.

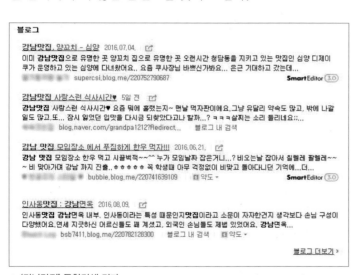

▲ '강남맛집' 통합검색 결과

이때 사람들은 1~2페이지에 있는 콘텐츠는 주의 깊게 살펴보지만 이후 페이지는 눈여겨보지 않게 된다. 이런 사람들의 성향에 맞춰 3페이지부터 지나치게 상업적인 글이나 양질이 아닌 글을 발행하는 블로그를 노출시키는 것이 '3페이지 저품질'이다. 아예 노출이 되지 않는 것은 아니지만 사람들의 관심이 떨어지는 3페이지에 노출시켜 방문자 수나 클릭률이 줄어들 수밖에 없도록 하는 것이다.

▲ '강남맛집' 3페이지 검색 결과

3페이지 저품질에 걸리면 내 블로그에서 콘텐츠를 발행했을 때 최대 3페이지 첫 번째까지만 노출된다. 3페이지에 나오면 좋은 것 아닌가라고 생각할 수 있다. 하지만 1페이지나 2페이지에 나올 수 있는 콘텐츠도 3페이지 이후에 노출되는 것이 문제이다. 아무리 양질의 좋은 글을 써도 3페이지 이후에 노출되어, 해당 콘텐츠를 소비하기 위해서 검색하는 사람들이 내 콘텐츠를 찾기 어려워질 수밖에 없는 것이다. 하지만 3페이지에 노출된다고 해서 무조건 '3페이지 저품질'에 걸린 것은 아니다. 순서상 3페이지 첫 번째에 나올 수도 있기 때문이다. 따라서 글 한두 개가 3페이지에 노출된다고 걱정할 필요는 없다. 작성하는 모든 콘텐츠가 3페이지 이후에서 검색될 때 3페이지 저품질을 의심해 봐야 한다.

● 블라인드 저품질

블라인드 저품질은 말 그대로 블로그 영역에 노출이 되지 않는 것이다. 직접적인 관련이 없는 콘텐츠의 뒤쪽으로 검색이 된다. 예를 들어, 블로그 교육을 찾아보다가 '이기용 강사'를 접한 사람들은 이기용 강사가 어떤 사람인지 검색해 볼 것이다.

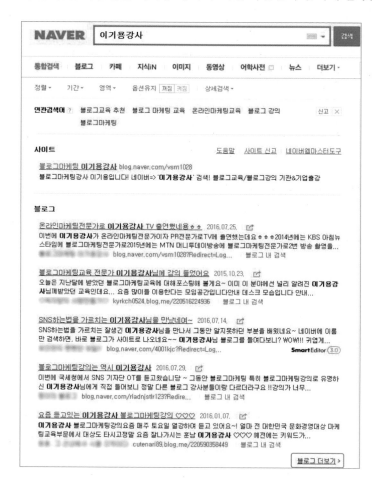

이기용 강사에게 교육을 받고 후기를 올려놓은 블로그를 더 보기 위해서 [블로그 더보기]를 클릭하여 이기용 강사에 관련된 블로그 콘텐츠가 701건인 것을 확인하고 이 701건의 글 중에서 콘텐츠들을 보고 교육문의를 할 것인지를 결정할 것이다.

이때 블라인드 저품질 현상을 접할 수 있다. 이기용 강사에 관한 콘텐츠의 62페이지부터는 이기용 강사와 전혀 연관 없는 글들이 나오는 것을 확인할 수 있다. 단순히 글 내용 중에 '이기용'이라는 단어와 '강사'라는 단어가 들어 있어 검색되는 것일 뿐, 사람들이 얻고자하는 이기용 강사의 강의 후기 글은 아니기 때문에 앞 페이지에 노출되지 않고 701건의 문서 중에 620번째 정도에 노출된 것이다.

정확한 정보가 아니기 때문에 뒤쪽에 노출된 것이라고 이해할 수 있지만 조금 더 뒤 페이지로 넘어가 보면 64페이지 쯤 641~650번째 순서의 콘텐츠에서 갑자기 이기용 강사에 관련한 정확한 정보들이 나오기 시작한다. 여기에 노출되는 블로그들이 바로 블라인드 저품질이 걸린 블로그들이다.

한마디로 정의하면 블라인드 저품질은 정확하지 않은 정보들보다도 더 뒤에 내 콘텐츠들이 위치하는 현상을 말한다. '이기용 강사'와 관련된 콘텐츠는 701건에 불과하기 때문에 70페이지에서라도 확인할 수 있었지만, 블로그 문서량이 1,000건이 넘는 키워드들의 경우엔 100페이지까지밖에 볼 수 없기 때문에 정확도 순으로는 내 콘텐츠를 절대 찾을 수 없게 된다.

: 저품질 해결방법은 있다? 없다? :

블로그 저품질로부터 벗어나는 방법은 없을까? 저품질에 걸리는 원인에 따라 크게 두 가지 해결방법이 있다. 블로그 지수의 하락으로 저품질이 되었다면 블로그를 새로 시작한다는 생각으로 포스팅을 하고 이웃과 소통하면서 차곡차곡 블로그 지수를 쌓아 다시 블로그가 최적화되거나 활성화되도록 하는 것이다. 이때, 포스팅의 잦은 수정이나 삭제 등은 블로그 지수를 하락시키는 원인이 될 수 있으므로 주의해야 한다.

특정 포스팅으로 인해 저품질이 걸린 경우라면 저품질에서 벗어나는 가장 좋은 방법은 원인을 찾아 없애는 것이다. 중복문서에 해당되는 글을 많이 썼다면 중복문서 글들을 삭제하고, 유해문서를 작성했다면 해당 문서를 지우면 된다.

하지만 저품질의 원인은 다양하기 때문에 내 블로그가 어떤 이유 때문에 저품질에 걸렸는지 모르는 경우가 더 많다. 따라서 일상 글을 많이 쓰고 이웃을 많이 추가하고 소통을 열심히 하면서 이벤트 등을 열어 점수를 많이 올리고 네이버가 아닌 다른 경로를 통해 유입을 늘려도 저품질에서 벗어나지 못하는 경우가 많다.

보통은 저품질 블로그가 되면 블로그를 새로 시작하는 것이 시간적인 면에서는 훨씬 이득이다. 단, 바로 블로그를 다시 시작하기에는 지금까지 쌓아왔던 콘텐츠들이 아깝기 때문에 한 달 정도는 위에서 제시한 여러 방법을 시도해 본 후에 새로운 계정으로 다시 시작하기를 권한다.

ː 저품질 극복보다 중요한 것은 예방하기 ː

저품질 블로그로 네이버의 제재를 받게 되면 양질의 콘텐츠들을 만들어 포스팅을 해도 사람들에게 노출이 되지 않아 어려움이 많다. 한 번 저품질 블로그가 되면 회복하기가 쉽지 않기 때문에 블로그를 시작했을 때부터 주의해야 한다.

그렇다면 어떻게 해야 저품질에 걸리지 않을 수 있을까? 앞서 말한 것처럼 네이버에서는 저품질로 분류하는 명확한 기준을 공개하고 있지 않기 때문에 네이버에서 제공하는 유해문서, 스팸, 어뷰징 문서를 기준으로 포스팅할 때 주의하는 것이 필요하다.

네이버가 이야기하는 나쁜 문서

● 유해문서

유해문서는 법률에 의해 또는 사용자 보호를 위해 네이버 검색 서비스를 통해 노출되는 것을 제한하고 있는 문서를 말한다.

- 음란성 · 반사회성 콘텐츠, 자살, 도박 등 법률을 통해 금지하고 있는 불법적인 내용으로 이루어져 있거나 불법적인 사이트로의 접근을 위해 작성된 문서
- 사생활 침해 방지 또는 개인 정보 보호, 저작권 보호 등을 위해 노출이 제한되어야 하는 문서
- 피싱(Phishing)이나 악성 소프트웨어가 설치되는 등 사용자에게 피해를 줄 수 있는 문서/사이트

● 스팸 · 어뷰징 문서

- **기계적 생성** : 검색 노출을 통해 특정 정보를 유통하기 위한 목적으로 기계적 방법으로 생성된 내용으로만 이루어진 문서

  - 기존 문서를 짜깁기하거나 의도적으로 키워드를 추가하여 생성한 문서
  - 사람의 개입 없이 번역기를 사용하여 생성한 문서
  - 검색 결과 등의 동적 문서를 기계적으로 처리하여 생성한 문서

기계적으로 만들어진 문서의 유형은 다양하지만 이를 파악해 분석하는 기법도 계속 발전하고 있다. 기계적으로 생성되는 문서는 교묘하게 패턴을 바꾸더라도 자연스럽지 않은 흔적들이 발견되기 때문에 이런 흔적들을 축적해 계속 차단하고 있다.

- **클로킹(Cloaking)** : 검색 엔진에서 인식되는 내용과 실제 사용자 방문 시의 내용이 전혀 다른 문서/사이트

  액션영화를 보면 종종 CCTV 모니터에 미리 찍은 화면이 보이게 하는 범죄 수법이 나오는데, 클로킹도 이와 유사하다. 검색 엔진에 보내는 url과 실제 이용자들이 방문하는 url이 전혀 다르도록 하는 수법이 클로킹이다. 네이버는 클로킹을 발견하는 즉시 검색 결과에서 제외하고 있다.

- **숨겨놓은 키워드** : 폰트 크기를 0으로 하거나 매우 작게 하는 것, 바탕색과 같거나 매우

유사한 글자색을 사용하여 보이지 않는 텍스트로 키워드를 채워 넣은 문서, 글 접기 기능(네이버 블로그 글 작성 시 '요약' 기능)으로 키워드를 숨겨놓는 등 키워드가 검색 사용자에게 보이지 않도록 숨겨놓은 경우

- **강제 리다이렉트(Redirect)** : 위젯(Widget)이나 스크립트(Script) 등을 사용하여 질의와 상관없는 목적 사이트로 사용자를 강제로 이동시키는 문서/사이트
- **낚시성** : 사용자의 검색 의도와 관계없는 내용을 검색 결과에 노출시키기 위해 의도적으로 특정 키워드들을 포함하여 게시한 문서
- **복사** : 뉴스/블로그/게시판/트위터 및 기타 웹 페이지의 내용을 단순히 복사하여 독자적인 정보로서의 가치가 현저히 낮은 문서
- **도배성** : 동일한 내용을 단일 블로그 또는 여러 블로그에 걸쳐 중복 생성하는 경우
- **조작 행위** : 여러 ID를 사용하여 댓글을 작성하거나 방문하여 인기가 높은 것처럼 보이도록 하는 등의 조작 행위를 하는 경우
- **키워드 반복** : 검색 상위 노출만을 위해 제목이나 본문에 의도적으로 키워드를 반복하여 작성한 문서
- **신뢰성 부족** : 상품이나 서비스에 대한 거짓 경험담으로 사용자를 속이는 문서

자료출처 네이버 검색이 생각하는 좋은 문서! 나쁜 문서?(http://naver_diary.blog.me/150153092733)

저품질이 되지 않는 블로그 운영법

블로그 저품질을 예방하기 위해서는 블로그 최적화가 된 이후에도 1일 1포스팅을 유지하는 것이 좋다. 그래야 네이버에서 양질의 블로그라고 생각하고 꾸준하게 노출시켜주기 때문이다. 일상 글을 같이 섞어가면서 쓰고, 한 장소의 IP에서만 운영하는 것이 좋다. 또 이웃과의 소통도 중요하다. 만약 내가 소통할 시간이 많지 않아 이웃 블로그 방문이 쉽지 않다면 내 블로그 댓글에 대한 답글 만이라도 적어주는 것이 좋다.

이 외에 포스팅을 작성한 후 내가 작성한 콘텐츠의 키워드를 검색해 블로그 영역에 잘 반영되고 있는지 확인하는 과정을 거치는 것이 좋다. 예를 들면 '강남 분위기 좋은 레스토랑' 키워드로 작성했는데 내 글이 혹시 보이지 않는다면, 정렬을 최신순으로 바꿔서 검색해 본다. 최신글이 없다면 아직 글이 반영되지 않은 것이지만, 나보다 늦게 포스팅

한 글이 최신글로 노출된다면, 내 글에 문제가 생겼을 수 있다. 이 경우엔 '유사문서 포함'을 지정해 검색해 보면 된다. '강남 분위기 좋은 레스토랑' 키워드에 대한 블로그 콘텐츠가 35,641건에서 61,995건으로 바뀌는 것을 볼 수 있다. 그럼 약 25,000건 정도의 블로그 콘텐츠가 유사문서로 걸러져 노출이 되지 않고 있다는 뜻이다. 만약 유사문서 제외인 상황에서는 확인이 되지 않고, '유사문서 포함'으로 했을 경우 글이 확인된다면 그 글은 유사문서로 분류되었다는 의미이므로 바로 지우는 것이 좋다. 단, 내가 쓴 글을 내가 계속 검색하면 인위적으로 뭔가를 한다고 보일 수 있기 때문에 내 글이 잘 반영됐는지 여부는 로그아웃 후 확인하는 것이 좋다.

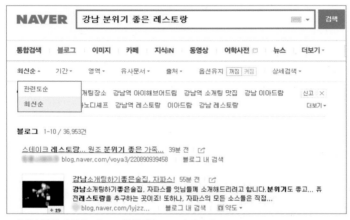

▲ '강남 분위기 좋은 레스토랑' 최신순으로 검색하기

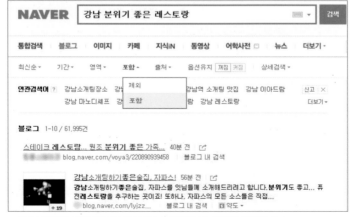

▲ '강남 분위기 좋은 레스토랑' 최신순&유사문서 포함하여 검색하기

| 10주 차 과제 | 콘텐츠 작성하고 노출 순위 확인하기

- 블로그 이웃 30명에게 댓글이나 공감 달아주기
- 1일 1포스팅하기

일 차	키워드	제목	노출 순위	
1일 차			최초 노출	최고 노출
2일 차			최초 노출	최고 노출
3일 차			최초 노출	최고 노출
4일 차			최초 노출	최고 노출
5일 차			최초 노출	최고 노출
6일 차			최초 노출	최고 노출
7일 차			최초 노출	최고 노출

+A

또 하나의 마케팅 수단, 포스트 활용하기

필자는 블로그를 이용해 마케팅을 하고자 하는 사람들에게 포스트를 함께 발행하기를 권하고 있다. 포스트는 네이버에서 야심차게 준비하고 오픈한 서비스인 만큼 메인 페이지 노출이 블로그보다 더 활발하게 이루어지고 있기 때문이다. 또, 마케팅 채널이 블로그 하나인 것보다 포스트까지 하나 더 추가되어 2개로 운영된다면 두 배 이상의 마케팅 효과를 볼 수 있다.

이 장에서는 포스트의 특징, 콘텐츠 작성 방법과 마케팅을 위한 상위 노출 비법도 알아보도록 하자.

APPENDIX

네이버 포스트
알아보기

블로그를 활용해서 마케팅을 하고 있는 사람들 중 포스트를 함께 발행하는 사람들이 많아지고 있다. 모바일에 최적화된 콘텐츠를 제공하다보니 많은 사람들이 포스트를 활용하기 시작했다. 또한 블로그의 상업적인 노출을 막고자 최근에는 블로그보다 포스트를 상위에 노출시켜주는 현상이 일어나고 있다. 따라서 블로그가 최적화되었다면 포스트를 함께 발행해 상위에 노출시키는 것이 좋다.

: 네이버 포스트란? :

이미지 기반 SNS(ISNS)의 대표 격인 인스타그램, 폴라, 네이버 블로그의 장점을 모두 가지고 있는 것이 바로 네이버 포스트다. 해시태그(#)가 중심이 되고 모바일에 최적화되어 있다는 점에서는 인스타그램이나 폴라와 비슷하며, 양질의 콘텐츠를 제공하고 네이버에서 노출된다는 점에서는 네이버 블로그와 비슷하다.

네이버 블로그와 네이버 포스트를 간단하게 비교해 보면 다음과 같다.

구분	블로그	포스트
사용자	블로거	에디터
친구 맺기	이웃 추가 서로이웃 추가	팔로우 맞팔로우
핵심 단어	키워드	태그

네이버 포스트의 장점

최근에는 블로그를 운영하면서 포스트를 함께 발행하는 사람들이 많아지고 있다. 네이버 포스트의 장점을 하나씩 살펴보자.

● 네이버 메인에 노출된다

포스트는 네이버에서 모바일 환경에 맞춰 야심차게 오픈한 서비스이기 때문에 메인 페이지에 포스트 글들을 많이 노출시켜주고 있다. 다음 이미지를 보면 '패션뷰티' 영역을 비롯하여 '책·문화' 영역 등 여러 영역에서 포스트 콘텐츠가 노출되고 있는 것을 확인할 수 있다.

● 하나의 섹션에 더 노출시킬 수 있다

네이버 블로그가 마케팅 효과가 큰 것은 맞지만 블로그는 통합검색에서 노출되는 여러 개의 섹션 중 하나의 섹션에 불과하다. 예를 들어 '작은얼굴'을 검색하면 통합검색 내에 '파워링크, 지식백과, 웹문서, 포스트, 뉴스, 네이버쇼핑, 사이트, 어학사전, 블로그, 이미지, 카페' 순서로 노출된다. 포스트는 4번째, 블로그는 9번째 섹션에서 노출되고 있다. '작은얼굴'을 검색한 사람들은 9번째보다는 4번째 위치하고 있는 콘텐츠를 접할 확률이 높다. 이처럼 블로그 외에 또 다른 섹션에 한 번 더 노출되면 마케팅 효과는 더욱 좋아지게 된다.

네이버 포스트의 특징

포스트는 네이버 아이디를 가지고 있으면 자동으로 가입되므로 별도의 회원가입이 필요하지 않다. 포스트가 블로그와 가장 다른 점은 바로 태그를 기반으로 검색이 된다는 점이다. 따라서 태그를 꼭 신경 써서 입력해야 한다. 그리고 해당 포스트가 받은 '좋아요' 숫자나 조회 수를 바탕으로 노출되기 때문에, 초기에 팔로워를 늘리는 것이 중요하다. 팔로워들이 많아야 기본적인 '좋아요'나 조회 수들이 보장되기 때문이다.

：포스트 기본 설정 화면：

포스트 기본 화면에는 [베스트], [피드], [알림], [MY] 영역이 있다. 각 항목마다 어떤 내용들을 설정하고 확인할 수 있는지 살펴보도록 하자.

베스트

포스트 메인 화면의 [베스트] 영역에 총 11개의 주제로, 나누어져 표시되며 각 주제별로 TOP100개의 콘텐츠가 보인다. TOP100에는 네이버 메인에 노출되었던 콘텐츠들이 표시되거나 팔로워의 인기도를 바탕으로 콘텐츠가 표시되기 때문에 양질의 콘텐츠들이 많이 노출된다. 포스트에 콘텐츠를 작성하고자 할 때는 TOP100의 콘텐츠들을 참고하면 좋다. 단, 홍보성 글이나 주제에 맞지 않는 글은 TOP100의 랭킹에서 제외된다.

이기용의 한 마디 !

TOP100과 루키100

TOP100은 전체 에디터 대상 TOP100 포스트 랭킹을 말하며, 루키100은 최근에 첫 포스트를 발행한 에디터(즉, 신규에디터) 대상, TOP100 포스트 랭킹이다. 인기도는 포스트가 받은 '좋아요' 수, 조회 수 등을 기준으로 각각의 가중치를 두어 측정한다.

자료출처 네이버 공식 포스트

피드

피드는 블로그의 이웃 새 글과 같다. 내가 팔로우하고 있는 작성자나 시리즈에서 새로운 콘텐츠를 올리면 확인할 수 있다. [추천 포스트 보기] 버튼을 클릭하면 메인 화면의 TOP100이 표시된다.

알림

알림은 블로그의 '내소식'과 같다. 내 콘텐츠에 댓글이나 스티커 등을 남기면 알림이 표시된다.

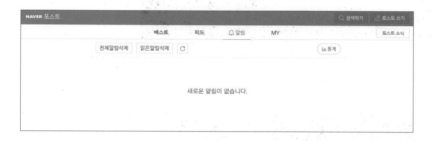

MY

MY에서는 포스트, 시리즈, 태그별로 내 콘텐츠를 확인할 수 있다. 포스트는 내가 작성한 콘텐츠들을 순서대로 볼 수 있고, 시리즈는 블로그의 카테고리와 유사한 형태로, 시리즈별로 모아진 콘텐츠를 볼 수 있다. 태그는 내가 작성한 콘텐츠에 작성된 태그별로 묶어서 보여준다.

메인 화면 하단의 통계에서는 내 포스트의 일별 조회 수, 오늘 조회 수 순위, 오늘 유입 경로뿐만 아니라 방문 분석과 사용자 분석, 순위 등을 볼 수 있다.

APPENDIX

● 포스트 관리

관리 화면의 왼쪽 상단에 [포스트 관리] 메뉴가 있다. [포스트 관리]에서는 포스트, 시리즈, 임시 저장된 콘텐츠들을 관리할 수 있다.

[시리즈] 탭을 클릭하고 화면 중앙의 [+시리즈 만들기] 버튼을 클릭하면 새로운 시리즈들을 만들 수 있다.

시리즈명, 시리즈 주제, 포스트 콜라보, 포스트 목록, 시리즈태그, 공개설정 등을 지정한다.

- **시리즈명&시리즈 주제** : 추후 TOP100이나 루키100 등 네이버 메인에 노출될 때 주제별로 구분되고, 포스트는 해당 주제에 대한 전문성이 있는 포스트를 선호하기 때문에 포스트를 쓸 때에는 시리즈를 꼭 지정하는 것이 좋다.

- **포스트 콜라보** : 여러 명의 참여자가 1개의 시리즈에 함께 포스트할 수 있는 기능으로, 1명의 참여자가 개별 포스트 단위로 참여 가능하며, 개별 시리즈로 변경할 수 없다.

- **포스트 목록** : 시리즈 생성 전에 만들었던 포스트들을 시리즈 영역 안에 추가할 수 있다.

● 친구초대

[친구초대]에서는 '이메일 이웃초대'와 '블로그 이웃초대'를 통해 팔로워를 늘릴 수 있다. 포스트는 팔로워 수가 중요하기 때문에 초기에는 초대장을 많이 활용하는 것이 좋다.

'이메일 이웃초대'는 이메일 주소를 입력해서 초대할 수 있다. 이메일을 입력한 후 [추가] 버튼을 클릭하여 추가할 수 있으며, 1일 최대 100명에게 이메일을 발송할 수 있다.

'블로그 이웃초대'는 내 블로그 이웃들을 포스트로 초대할 수 있는 기능으로, 이웃을 선택하여 내 포스트로 초대가 가능하다. 이메일 이웃초대와 마찬가지로 1회 최대 100명, 1일 최대 100명까지 가능하기 때문에 꾸준히 이웃들을 초대하도록 한다.

◉ 글보호

[글보호]는 PC에서 마우스 오른쪽 버튼이 클릭되지 않도록 하거나 모바일에서 롱프레스를 통한 포스트 본문 복사하기를 방지할 수 있는 기능이다.

○ 위젯

[위젯]은 내 포스트 위젯 소스코드가 표시되므로, 내 블로그나 사이트에 포스트 위젯을
달아 더 많은 사람들이 내 포스트로 들어오도록 할 수 있다.

: 포스트 작성하기 :

네이버 포스트의 홈 화면이다. 모바일에 최적화되어 있으므로 홈 화면이 모바일에서 보는 것처럼 구성되어 있다. 포스트 홈의 오른쪽 상단의 펜 모양 아이콘을 클릭하면 글을 쓸 수 있다. 포스트 글쓰기는 네이버 블로그 스마트에디터 3.0과 같은 틀을 사용하기 때문에 익숙하게 글을 쓸 수 있다.

포스트 글쓰기는 기본형으로 제공된다. 최근에는 가독성이 좋아 페이스북에서 많이 사용되는 카드 뉴스처럼 카드형 글쓰기도 제공한다. 왼쪽 상단의 화살표를 클릭하면 카드형으로 변경할 수 있다.

카드형 글쓰기를 클릭하면 '추천 템플릿'과 '내 템플릿'을 선택할 수 있는 창이 나타난다. 지금까지 템플릿을 설정한 적이 없으면 추천 템플릿에서 주제에 맞는 카드셋을 제공받아 콘텐츠를 만들 수 있다.

'여행'을 카드 템플릿으로 지정하면 그림과 같이 표시된다. 카드 오른쪽 상단에서 '스포이드' 모양의 아이콘을 클릭하여 원하는 색으로 표지 이미지를 지정할 수 있다.

'사진' 모양의 아이콘을 클릭하면 내 컴퓨터에 저장되어 있는 이미지를 불러와 표지 이미지로 지정할 수 있다.

삽입된 사진의 원하는 부분을 표지 이미지로 활용하고 싶다면 '방향' 모양의 아이콘을 클릭하고 사진을 마우스로 움직여 위치를 조절할 수 있다.

APPENDIX

화면 하단의 제목 부분을 클릭하면 제목을 입력하고 간단하게 편집할 수 있다. 카드 오른쪽에서 레이아웃을 변경하거나 제목이 표시되지 않도록 설정할 수 있다.

다음 카드로 이동하기 위해서는 '>' 버튼을 클릭하면 된다.

텍스트가 입력된 부분을 클릭하면 내용을 수정할 수 있다. 카드 오른쪽에서 레이아웃 변경, 소제목 노출 여부, 링크/오디오/장소 노출 여부를 지정할 수 있다.

[레이아웃 변경] 버튼을 클릭하면 레이아웃을 변경하여 콘텐츠를 만들 수 있다.

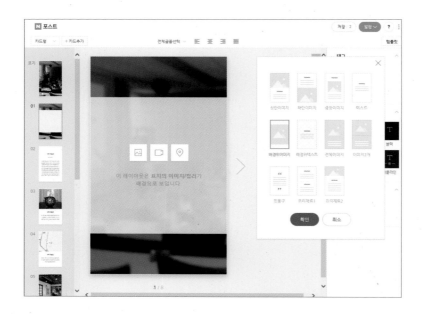

'링크/오디오/장소'를 활성화하면 카드 하단에 다음과 같이 3개의 모양이 표시된다.

첫 번째 링크 아이콘을 클릭하면 링크를 넣을 수 있는 창이 표시된다. 여기에 내가 이동하고자 하는 링크 주소를 넣으면 하단에 해당 사이트로 이동할 수 있는 링크가 표시된다.

'장소' 아이콘을 클릭하면 특정 장소를 검색하여 지도를 삽입할 수 있다.

설정된 링크, 오디오, 장소 등을 지우고 싶다면 해당 부분을 클릭한 후 바로 위의 휴지통 아이콘을 클릭하면 된다.

기본 제공되는 카드를 모두 사용한 후 작성해야 할 내용이 남았다면 마지막 카드 이미지 다음의 [+추가] 버튼을 클릭하여 카드를 추가할 수 있다.

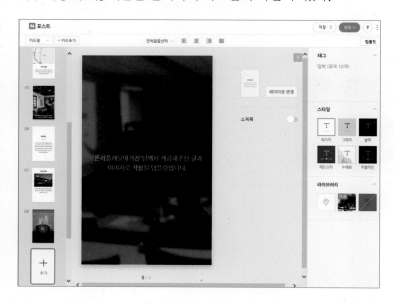

역사 속으로 사라진 '포스트에서 블로그 글 불러오기'

네이버 포스트를 2016년 2월 이전부터 사용한 사람들은 네이버 블로그 글을 불러와 포스트를 발행할 수 있었지만 2016년 2월 중순 이후 포스트를 처음 작성하는 사람들은 이전 버전 쓰기 버튼이 활성화되지 않아 블로그 글을 가져올 수 없게 되었다.

2016년 7월 18일, 네이버 포스트 소식에서 전한 '블로그와 유사한 글을 작성하면 검색 노출이 안 된다?'라는 제목의 글을 보면 현재까지는 포스트 정책상 블로그 글과 똑같이 작성해도 유사문서로 분류하지 않고 있다고 한다. 하지만 네이버는 양질의 콘텐츠를 제공해야 하기 때문에 이미 있는 정보를 또 보여줘야 할 이유가 없어 중복 노출을 제한하고 있다. 따라서 블로그 글을 포스트로 그대로 가져올 수 없다고 해서 실망할 필요는 없다. 포스트에는 블로그와 유사하지만 다른 콘셉트의 글을 써 발행하는 것이 노출에 훨씬 도움이 될 것이다.

▲ 2016년 2월 중순까지 가능했던 '포스트에서 내 블로그 글 불러오기'

: 네이버 포스트 모바일에서 사용하기 :

네이버 포스트는 앞서 본 것처럼 모바일에 최적화하여 개발한 서비스이므로 스마트폰에서 사용하기에 용이하다. 네이버 포스트 애플리케이션을 설치하여 스마트폰으로 실시간으로 소통하고 활용해 보자.

네이버 포스트 애플리케이션 설치하기

네이버 포스트는 'Play 스토어 > '네이버 포스트' 검색 > 설치 > 동의' 순으로 설치할 수 있다.

팔로워 늘리기

네이버 포스트도 블로그와 마찬가지로 팔로워 수가 중요하다. 블로그는 서로이웃 신청을 통해 서로이웃을 맺을 수 있지만 포스트는 내가 상대방을 팔로워할 수는 있어도 서로 팔로워하기 기능은 없다. 따라서 팔로워 수를 늘리기 위해서는 해시태그 검색으로 '맞팔'을 검색하여 팔로워를 하려고 하는 사람들과 서로 팔로우를 하는 것이 가장 좋은 방법이다.

> **맞팔** : 포스트 사용자가 서로 팔로우하는 것으로 포스트에서 서로 팔로우(Follow)를 신청하는 것이다. 네이버의 서로이웃과 비슷한 형태라고 생각하면 된다.

'모바일로 네이버 포스트 접속 > 오른쪽 상단에 돋보기 모양 클릭 > 맞팔 검색' 순으로 해시태그를 검색할 수 있다.

'맞팔' 해시태그로 검색해서 나온 포스트에 접속하여 오른쪽 상단에 [+팔로우] 버튼을 클릭하면 팔로우가 완료된다. [+팔로우]는 [∨팔로잉]으로 변한다.

이번엔 포스트 운영자에게 댓글로 맞팔로우를 요청하는 글을 남겨보자. 내가 남긴 댓글을 보고 내 포스트에 방문하여 팔로잉을 하면 맞팔이 완료된다.

모바일에서 포스트 쓰기

모바일에서 네이버 포스트에 접속하여 오른쪽 상단의 펜 모양을 클릭하면 글쓰기를 시작할 수 있다. '기본형'과 '카드형' 중 하나를 선택한다. 먼저, 기본형을 선택하여 글쓰기를 해 보자. 상단에 제목을 쓰고, 본문에 내용을 입력하면 된다.

블로그 글쓰기와 마찬가지로 왼쪽 하단에서 이미지 아이콘을 클릭하면 사진을 삽입할 수 있다. 원하는 사진을 선택하고 오른쪽 상단에 [첨부]를 클릭하면 사진 삽입이 완료된다.

사진 합치기를 통해서 여러 장의 사진을 합쳐 올릴 수도 있다.

뿐만 아니라 gif 형식의 '움짤'을 만들 수 있다. 사진 올리기에서 바로 클릭해서 원하는 사진들로 움짤을 만들 수 있다.

사진을 삽입한 후에는 사진 관련 설명을 넣거나 내용을 써 넣는다. 내용 작성이 완료되면 오른쪽 상단의 [다음] 버튼을 클릭하고 [+태그 추가하기] 버튼을 누른다. 네이버 포스트는 해시태그 기반이기 때문에 태그를 작성하는 것이 무엇보다 중요하다.

해시태그에는 사용자들이 주로 검색하는 키워드들을 넣는 것이 좋다. 인스타그램은 '#먹스타그램, #셀스타그램, #럽스타그램, #술스타그램, #일상, #맞팔, #여행, #소통' 등의 해시태그가 인기 있지만 포스트는 포털에서 활용되는 부분이 더 크고 검색으로 찾는 경우가 많기 때문에 블로그에서 사용하는 키워드들을 넣으면 된다. 해시태그는 최대 10개까지 넣을 수 있으므로 10개를 모두 작성하여 넣는 것이 좋다. 해시태그 입력까지 모두 완료했다면 오른쪽 상단의 체크 표시를 클릭하고 [발행] 버튼을 클릭하여 포스트를 발행한다.

블로그에 카테고리가 있는 것처럼 포스트에는 카테고리와 비슷한 '시리즈'가 존재한다. 특히 포스트는 시리즈 연재가 핵심이므로 시리즈를 만들 때는 꼭 주제를 선택해야 한다. 뿐만 아니라 네이버 포스트가 개편되면서 '베스트'의 TOP100 랭킹에 노출되기 위해서는 시리즈 주제 선택이 필수이므로 반드시 선택해야 한다. 아직 한 번도 시리즈를 만들지 않았다면 새 시리즈를 만들라고 표시되므로 시리즈로 만들 주제를 선정해서 추가한다.

시리즈를 선택하면 바로 밑에 '시리즈 주제'를 설정할 수 있는 메뉴가 표시된다. 해당 시리즈에 맞는 주제를 선택한다.

포스트 공개설정은 '전체공개'와 '나만보기' 중 하나를 선택할 수 있다. 다른 사람들에게 보여주기 위한 마케팅 수단으로 활용하기 위해 포스트를 운영하는 것이므로 전체공개로 설정한다.

이번엔 카드형으로 포스트를 작성해 보자. 포스트 작성하기에서 카드형을 선택하면 추천하는 템플릿들이 뜬다. 이 중 원하는 템플릿을 선택해서 포스트 쓰기를 시작한다.

카드에 기본으로 제공되는 글을 클릭하면 내용을 수정할 수 있다. 카드 왼쪽 상단에 '스포이드' 모양의 아이콘을 클릭하면 원하는 색으로 카드 배경을 바꿀 수 있고, '사진' 모양 아이콘을 클릭하면 원하는 사진으로 배경을 바꿀 수 있다.

▲ 배경색 변경   ▲ 배경 이미지 변경

상단의 [다음] 버튼을 클릭한다. 템플릿에서 제공하는 이미지를 클릭하고 카드 왼쪽 하단에 사진 모양을 선택하면 내가 원하는 이미지로 변경할 수 있으며, 하단의 글도 수정 가능하다.

APPENDIX

카드를 추가하면 기본 배경의 카드가 생성되는데 카드 왼쪽 하단에 레이아웃을 선택하여 레이아웃을 변경한 후 사진이나 글을 넣어서 콘텐츠를 작성하면 된다.

포스트 상위 노출 비법

포스트도 블로그와 마찬가지로 정확한 정보를 추구하기 때문에 기본적인 상위 노출 방법은 블로그와 동일하다. 여기에 포스트만의 비법을 하나 더 추가하자면 블로그에서는 많이 중요하게 여기지 않았던 '태그'를 잘 작성해야 한다는 것이다. 포스트가 태그 기반이기 때문에 내가 원하는 키워드들을 태그로 꼭 추가해야 한다. 또, 블로그에서 이웃이 중요한 것처럼 포스트에서는 팔로워가 굉장히 중요하다. 포스트의 경우 콘텐츠 전문가들이 양질의 콘텐츠를 발행하는 공간인데, 팔로워가 많아야 양질의 콘텐츠를 발행하는 사람이라고 인지하여 더 노출을 잘 시켜주고, 댓글이나 '좋아요'가 많으면 전문성 있는 콘텐츠라고 생각하여 상위 노출이 쉬워진다.

누구나 쉽게 따라하는
블로그마케팅

발행일 / 2017년 5월 20일 초판 발행
발행일 / 2019년 3월 5일 1차 개정
　　　　　 2019년 8월 20일 1차 2쇄
　　　　　 2020년 10월 20일 1차 3쇄
저 자 / 이 기 용
발행인 / 정 용 수
발행처/ 예문사
주 소 / 경기도 파주시 직지길 460(출판도시) 도서출판 예문사
T E L / 031) 955 – 0550
F A X / 031) 955 – 0660
등록번호/ 11 – 76호

정가 : 14,500원

예문사 홈페이지 http : //www.yeamoonsa.com

ISBN 978 – 89 – 274 – 3014 – 8 13000

이 도서의 국립중앙도서관 출판예정도서목록(CIP)은 서지정보유통지원시
스템 홈페이지(http://seoji.nl.go.kr)와 국가자료공동목록시스템(http://www.
nl.go.kr/kolisnet)에서 이용하실 수 있습니다.(CIP제어번호:CIP2019006656)